教育部高校示范马克思主义学院和优秀教学科研团队建设项目
西部重点项目"提升西部高校思想政治理论课教学质量和水平研究"成果
项目编号19JDSZK044

西部高校思想政治理论课
教学质量和水平提升研究

杨富 著

河海大学出版社
HOHAI UNIVERSITY PRESS
·南京·

图书在版编目(CIP)数据

西部高校思想政治理论课教学质量和水平提升研究 / 杨富著. -- 南京 : 河海大学出版社，2023.10
ISBN 978-7-5630-8370-1

Ⅰ. ①西… Ⅱ. ①杨… Ⅲ. ①高等学校—思想政治教育—教学研究—中国 Ⅳ. ①G641

中国国家版本馆 CIP 数据核字(2023)第 185544 号

书　　名	西部高校思想政治理论课教学质量和水平提升研究
书　　号	ISBN 978-7-5630-8370-1
责任编辑	周　贤
特约校对	吴媛媛
封面设计	张育智　周彦余
出版发行	河海大学出版社
地　　址	南京市西康路 1 号(邮编:210098)
网　　址	http://www.hhup.com
电　　话	(025)83737852(总编室)　(025)83787763(编辑室) (025)83722833(营销部)
经　　销	江苏省新华发行集团有限公司
排　　版	南京布克文化发展有限公司
印　　刷	广东虎彩云印刷有限公司
开　　本	787 毫米×1092 毫米　1/16
印　　张	11.5
字　　数	200 千字
版　　次	2023 年 10 月第 1 版
印　　次	2023 年 10 月第 1 次印刷
定　　价	59.00 元

前言

“思政课是落实立德树人根本任务的关键课程，思政课作用不可替代，思政课教师队伍责任重大。”学校思想政治理论课教师座谈会召开以来，西部高校深入贯彻党和国家关于思政课建设的指示要求，思政课建设取得了显著成就，思政课建设受到高度重视、思政课教学政策有力贯彻落实、思政课教学的标准化和规范性显著增强、物资资源建设成效显著、人力资源建设成效明显、学生整体满意度不断提升，思政课“关键课程”作用进一步发挥。但也存在资源有效性不足、供给侧改革不足、需求侧引导不足、缺少“增长点”等问题，制约了西部高校思政课教学质量和水平的进一步提升。

从西部高校间和东西部高校横向对比分析来看，西部高校思政课教学质量和水平呈现出不平衡和不充分的特征。西部省区间、西部省区内、东西部间高校思政课教学质量和水平存在显著的不平衡不充分发展情况，在政策落实、教学“达标”、学生获得感等思政课教学质量层面达到了全国平均水平，在改革创新、实现特色发展等思政课教学水平层面与全国平均水平和东部地区差距明显。主要是西部高校思政课教学中的思政课功能定位特殊、教学目标的多重性、教学任务的多样性、学生主体的差异性等特殊性，影响和制约了西部高校思政课教学质量和水平的提升。

在实践调研、比较研究、特殊性研究的基础上，筛选、整合、细化出西部高校思政课教学质量和水平提升的关键影响因素，其中，决定性因素、支撑性因素、直接性因素和外部因素等一级关键影响因素 4 个，政策、学校措施、马院与学科建设、教师队伍、学生特征、教学方式、家庭与社会等二级关键影响因素 7 个，资金投入、教师激励、平台建设、马院与教研室建设、马学科建设、教师结构、专业素养、积极性、学生结构、语言文化、思想态度、学习实效、课堂教学、实践教学、教学信息化、考试方式等三级关键影响因素16个。通过构建西部高校思政课教学质量和水平关键影响因素的综合作用机制模型，深入分析各级各类关键影响因素对思政课教学质量和水平的作用及路径，清晰呈现了西部高校思政课教学质量和水平提升的关键影响因素、作用渠道和关键环节。

提升西部高校思政课教学质量和水平，要立足西部高校整体上初步进入高质量发展阶段的实际，针对西部高校思政课教学中的特殊性问题，系统化实施提升措施。在整体规划层面，要贯彻落实党和国家思政课建设政策要求，以“办好思政课，最根本的是要全面贯彻党的教育方针，解决好培养什么人、怎样培养人、为谁培养人这个根本问题”进行思路规划，坚持建好关键课程、坚持全国一盘棋、建特殊为特色、“供”“需”均衡、增强学生获得感、精准化教学等原则，以习近平新时代中国特色社会主义思想为指导、贯彻学校思想政治理论课教师座谈会精神、深入贯彻落实党和国家关于思政课教学系列政策等为重点方向。在管理与指导层面，要做到有效支持与精准施策，强化国家政策导向、加强省区配给措施、发挥学校管理与支撑效能。在主导与主体层面，要实现教与学、供与需一体化，发挥教师“关键”作用、发挥学生主体作用、构建思政课教与学的共同体、推动教学方式创新。在协同与发展层面，要探索思政课教学共同体建设，释放东部高校思政课高质量发展的溢出效应，建设“大思政课”、推进“课程思政”、与家庭教育形成合力、东西部马院共建。通过系统化、精准化施策，有效提升西部高校思政课教学质量和水平，实现西部高校思政课高质量发展。

目录

第一章

绪论

思想政治理论课(简称“思政课”)是立德树人的关键课程,是高校的“第一课”。西部高校思想政治理论课的教学质量关系着西部高校教学质量、人才培养和办学水平,事关西部高校服务西部地区和全国稳定与发展的大局。提升西部高校思政课教学质量和水平,能够提升西部高校人才培养质量,促进西部地区教育高质量发展,更好地服务区域经济社会发展。西部高校思政课教学质量和水平研究,对推动西部高校落实好立德树人根本任务、促进高校思政课建设有重要意义,也是推进新时代思政课高质量发展和改革创新的应有之意。

一、研究背景

党的十八大以来,以习近平同志为核心的党中央高度重视和关心思政课建设,党和国家制定了一系列政策、采取了有力举措、不断加大支持力度推动思政课的建设。特别是 2019 年全国思想政治理论课教师座谈会召开以来,思政课建设取得了显著成效。截至 2021 年底,高校思政课专兼职教师超过 12.7 万人,国家社科基金、教育部“繁荣计划”设立思政课研究专项 1 000 项、支持经费近 3 亿元,新媒体技术与思政课深度融合,思政课教学质量和水平大幅度提高。西部高校思政课教学质量和水平提升研究,立足于全国高校思政课发展建设的大背景,总结西部高校思政课教学质量和水平提升的成绩与经验、发现不足,积极推动改革创新,促进新时代西部高校思政课教学高质量发展。

西部地区经济社会发展与东部地区和全国相比,呈现出明显的不平衡性和滞后性。西部地区教育发展也受到西部地区经济社会发展的影响，与东部地区存在一定差距。西部高校思政课建设在教师队伍、经费支持、改革创新等方面力度略显薄弱，思政课教学质量和水平与东部和全国高校相比差距鲜明，发展的滞后性凸显。同时，西部高校思政课教学质量和水平提升面临着资源不足、少数民族生源比重大、教学目标与任务多重、影响教学的社会因素多样等差异性和特殊性，思政课教学质量和水平提升的难度较大。在全国高校思政课教学全面进入高质量发展阶段之际，西部高校思政课教学亟待夯实基础、提升发展能力，与全国高校一同实现高质量发展。研究立足于西部高校思政课教学的实际，针对西部高校思政课教学质量和水平的现状，从问题着手，系统研究战略对策与可行措施，切实提升思政课教学质量和水平。

西部省份采取有力措施加强高校思政课建设，思政课教学质量和水平有了大幅度提升，但与东部高校相比依然存在差距，思政课发展的不平衡性、滞后性仍然存在。当前，针对西部高校思政课教学质量和水平提升研究，从普遍性问题的研究向特殊性和具体化的问题研究转变，从偏重理论化研究向针对具体高校、具体问题的更为偏重实践的研究转变，从贯彻落实国家政策要求研究向特色化发展、改革创新研究转变。西部高校思政课教学质量和水平提升研究，从当前研究背景和趋势出发，关注实践、解决问题，积极推动理论创新和实践发展。

二、研究目标

研究的主要目的是从实践层面和理论层面提升西部高校思政课教学质量和水平，具体目标如下：

一是精准掌握西部高校思政课教学质量和水平的现状。通过文献研究、描述分析和实践调研，深入了解西部高校思政课教学现状，研究西部高校思政课教学质量和水平提升过程中呈现的特征。

二是总结西部高校思政课教学质量和水平提升的成效。通过全面分析西部高校思政课教学质量和水平提升的措施，总结取得的成效与经验，培育特色与优势，提升发展能力。

三是查找西部高校思政课教学质量和水平提升中存在的问题，在分析原因的基础上，研究西部高校省区间、省区内、东西部高校间思政课教学发展的不平衡不充分现象，研究发展不平衡不充分的原因及西部高校思政课教学的特殊性，深化对西部高校思政课教学的认识。

四是研究西部高校思政课教学质量和水平提升的关键影响因素及其作用机制，通过关键影响因素作用机制路径，研究西部高校思政课教学质量和水平提升的关键问题，便于精准施策。

五是提出西部高校思政课教学质量和水平提升的对策建议。一方面，研究西部高校思政课教学质量和水平提升中存在的问题、制约因素、主要原因，提出解决问题的具体对策；另一方面，从新时代高校思政课高质量发展的必然要求和趋势出发，立足东西部高校思政课发展建设的不平衡不充分性，提出实现西部高校思政课高质量发展的系统化建议。

三、研究意义

一是研究西部高校贯彻落实国家关于思政课教学质量提升政策的执行情况，能够深入了解政策效应、政策不足，为与时俱进地完善思政课建设相关政策和措施提供借鉴。

二是从西部地区经济社会环境视角，分析西部高校思政课教学质量提升的“特殊性”，以多学科视角透视西部高校思政课教学质量问题，为深入研究西部高校思政课教学质量和水平提升提供多重理论视角。

三是研究西部高校思政课教学质量提升的具体问题、西部高校思政课建设的整体情况，提出系统化对策建议，能够为西部高校思政课教学质量和水平提升提供具体可行的实践路径参考。

四是通过揭示西部省区间、高校间，以及东西部高校间思政课发展建设不均衡的情况，提出协同发展的思路和对策，能够促进西部高校思政课建设研究，推动思政课教学质量和水平的整体提升，为新时代全国高校思政课高质量发展和改革创新建言献策。

四、研究内容

研究以西部高校思政课教学为对象，以四川省、云南省、甘肃省、青海省和西藏自治区高校为样本案例，研究西部高校思政课教学质量和水平提升的现状、问题和对策，深入揭示东西部高校思政课发展差异现象，透视西部高校思政课教学的特殊性，提出提升西部高校思政课教学质量和水平的系统化建议。研究的主要内容包括以下几个方面。

1. 西部高校思政课教学质量和水平现状

通过文献挖掘、现状描述分析与实践调研，揭示四川省、云南省、甘肃省、青海省和西藏自治区高校思政课教学质量和水平现状。五省区思政课建设情况、思政课教学质量和水平提升的具体措施，一定程度上代表了西部地区思政课发展建设的总体状况。一是西部高校思政课教学质量和水平有大幅度提升，思政课教学得到了高度重视，思政课建设整体水平不断提高；二是西部高校思政课教学整体质量和水平达到了国家政策要求的标准，但个别西部高校特别是专科院校和民办院校与平均水平仍有一定差距；三是西部省区间、省区内部高校思政课教学质量和水平仍存在不平衡性，思政课教学质量和水平呈现出“双一流”高校、本科院校、专科院校、民办院校，由高到低的阶梯化特征；四是西部高校思政课教学质量和水平受到多种因素影响，特别是教师队伍、学生结构、信息化建设、教学资源有效性等方面受到较大约束，与东部高校仍有一定差距。

2. 西部高校思政课教学质量和水平提升的成效、问题与原因

在国家政策的有力推动之下，西部高校思政课教学质量和水平提升取得了显著成效。思政课“标准化”建设、“规范化”发展空前强化，为思政课教学质量和水平提升奠定了坚实基础。思政课作为“关键”课程，受到高度重视，在高校学科建设专业发展中被赋予重要职能和作用，整体发展水平显著提升。马克思主义学院建设、马克思主义理论学科建设、思政课建设一体化发展，为西部高校思政课教学质量和水平提升提供了重要保障和有力支撑。学生对思政课的认同感、满意度显著提高，成为学生成长成才的“关键”课程。

西部高校思政课教学质量和水平提升过程中主要存在以下问题。一是省区和高校提供的资源相对有限，无法把相对充足的国家层面思政课建设资源有效应用，资源使用效率有限；二是西部高校思政课教学质量和水平提升的影响因素多、特殊性较强，全国性的普遍问题与区域性、高校自身特殊性问题并存，思政课教学质量和水平提升的难度较大；三是在全国高校思政课进入高质量发展阶段之际，西部一部分高校仍处在达到标准的阶段，改革创新的能力不足，始终处于“跟跑”状态，到与东部高校齐头并进仍需要较长时间。

西部高校思政课教学质量和水平提升的主要原在于党的领导和党的理

论创新，在党中央的高度重视与有力推动下，思政课教学改革创新力度不断加强，系列举措相继出台，有力推动了思政课教学发展。特别是党的创新理论为思政课教学赋予新内容，思政课教学内容更为丰富、理论更为深邃，与新时代特征紧密结合，在实践发展和理论创新中推动思政课教学高质量发展。党和国家实施的关于思政课建设的政策成为促进新时代西部高校思政课发展的重要动力，在资金、项目等方面对西部地区给予了倾斜和支持，西部高校思政课在教学规范、师资队伍建设、信息化建设、教育研究、平台建设等方面全面发展，教学质量全面提升。但西部高校思政课教学中的特殊性强、影响因素多而复杂、协同创新发展力度不足等原因制约了思政课教学质量和水平的提升。

3. 西部高校思政课教学质量和水平提升的深层次问题研究

深入分析西部高校思政课教学质量和水平提升中存在的问题，开展比较研究、特殊性研究和关键影响因素研究，以深刻揭示西部高校思政课教学中的问题和提升机制。比较研究揭示了西部思政课教学发展不平衡不充分的情况，深入研究发现在思政课教学质量的基础层面，西部高校思政课教学质量对照国家政策要求达到了标准，与东部省份一致，保持了教学质量上的均衡。但在思政课改革创新发展上西部高校能力不足，与东部高校有一定差距。东西部高校思政课教学发展呈现出梯队式发展特征，其原因是多方面的，并不能说明全国高校思政课教学发展中存在较大的不对称和差异性，应从梯队式发展的视角审视不平衡不充分现象，动态化提升思政课教学整体水平。

西部高校思政课教学的特殊性突出体现在教学目标的多重性、教学任务的多样性及学生主体的差异性，西部高校思政课与西部地区经济社会发展紧密相连，要求西部高校思政课承担更多的思想政治教育内容和功能。这种较强特殊性对西部高校思政课教学而言，在全国一般性思政课教学的基础上增加了更多的目标、任务和内容，西部高校需要投入更多资源克服、应对特殊性，一定程度上制约了思政课教学质量和水平的快速提升。但西部高校要从特殊性出发，积极构建发展特色和优势，如何建特殊为特色成为西部高校思政课教学的重点和难点。西部高校尚需较长时间、投入更多资源来推动特色建设，实现高质量发展。

筛选分析西部高校思政课教学质量和水平的关键影响因素，通过三级关键影响因素的整合、细化与分析，在研究关键影响因素作用影响的基础上，构建作用机制模型，揭示了西部高校思政课教学质量和水平提升的主要路径。在对模型进行细化的基础上，深入研究关键影响因素相互影响、作用的情况，对作用机制进行深入研究，揭示西部高校思政课教学质量和水平提升的关键问题。

4. 西部高校思政课教学质量和水平提升的对策研究

针对西部高校思政课教学质量和水平提升中存在的问题，提出坚持政策导向、系统化设计、整体性提升的思路，实现高质量发展。一是以贯彻党和国家关于思政课建设的政策为主导，全面、深入、精准贯彻政策要求，在达到政策规定的要求和标准基础上，积极推动改革创新；二是西部省区和西部高校要发挥关键作用，作为推动西部高校思政课教学发展的主体，统筹协调全省和全校资源，以“一省一策”“一校一策”精准推动思政课教学发展，形成特色和优势，在保障质量的基础上，重点提升思政课教学水平；三是学生和教师的思政课教学关系需要积极推动发展，构建起教师主导作用充分发挥、学生主体地位体现的教学关系，激发双方的积极性、主动性和创造性，夯实思政课质量持续提升的基础；四是要坚持全国思政课“一盘棋”思想，通过深化对口支援、马院共建、平台与资源共建共享等措施，实现东西部高校思政课教学协同发展创新，在全国整体层面推动思政课教学质量和水平不断提升。

五、研究方法

1. 文献研究

通过文献梳理查找问题，分析发展趋势，为研究提供全面支撑。一是系统梳理关于思政课建设、思政课教学方面的专著和学术论文，把握前沿动态；二是全面检索四川、云南、甘肃、青海、西藏等省区高校思政课建设的政策、举措等信息，掌握发展情况和最新进展；三是开展文献挖掘，分析西部高校思政课教学质量和水平研究中发现的问题、现状、对策等，结合实践调研进行深入研究。

2. 实践调研

以四川、云南、甘肃、青海、西藏等省区高校为研究案例，从教师（含高校及教育部门管理人员等)、学生两个主体开展问卷调研,结合问卷中反映的问题进行访谈,全面客观地揭示西部高校思政课教学质量和水平的现状。针对东西部高校思政课教学发展的不平衡不充分现象,对援藏援疆思政课教师和管理干部等进行访谈,揭示差异性的表现、本质,征求意见、建议。

3. 统计分析

对 2019—2022 年国家思政课建设的各类立项项目进行统计分析,通过西部高校立项总量、西部各省区立项总量、全国立项总量及比例的数据比较,深入分析西部高校思政课教学质量和水平的总体情况。以数据为支撑,深化西部高校思政课教学质量和水平比较研究,深入揭示思政课发展的不平衡不充分现象。

六、技术路线

研究坚持问题导向,遵循“提出问题、分析问题、解决问题”的基本思路,深入研究西部高校思政课教学质量和水平提升的问题,最后提出解决问题的对策建议。

一是在文献综述梳理研究现状与前沿动态中发现问题,对西部高校思政课教学质量和水平提升的问题有初步的了解和认识。

二是通过文献挖掘,结合多方面信息整理分析,深入了解西部高校思政课教学质量和水平提升研究情况,形成对西部高校思政课教学质量和水平现状的客观描述。

三是通过实践调研,进一步揭示西部高校思政课教学质量和水平的现状和存在的问题,准确、深入地研究西部高校思政课教学质量和水平的现状、成效、问题和原因。

四是在初步的问题研究的基础上,通过比较研究、特殊性研究揭示西部高校思政课教学质量和水平提升的深层次问题,把问题剖析得更深入、更细致入微。

五是对西部高校思政课教学质量和水平的关键影响因素进行研究,构建机制模型、研究作用机制,形成解决问题的具体化路径,为解决问题提供思考和参考。

六是在分析问题、研究问题的基础上,系统化、精准化解决问题,提出提升西部高校思政课教学质量和水平的对策建议。

问题研究中，突出了问题的研究环节，从问题成因分析、比较研究到特殊性研究，层层深入揭示问题的本质。研究的过程清晰，方法具体明确，通过综合运用问卷、访谈、数据统计分析等研究方法，增强了研究的科学性。在研究的过程中，还遵循了“现状、成效、问题、原因、对策”的研究思路，以增强研究的逻辑性，以便有效开展研究，增强研究的客观性、科学性和应用价值。研究的具体技术路线见图 1。

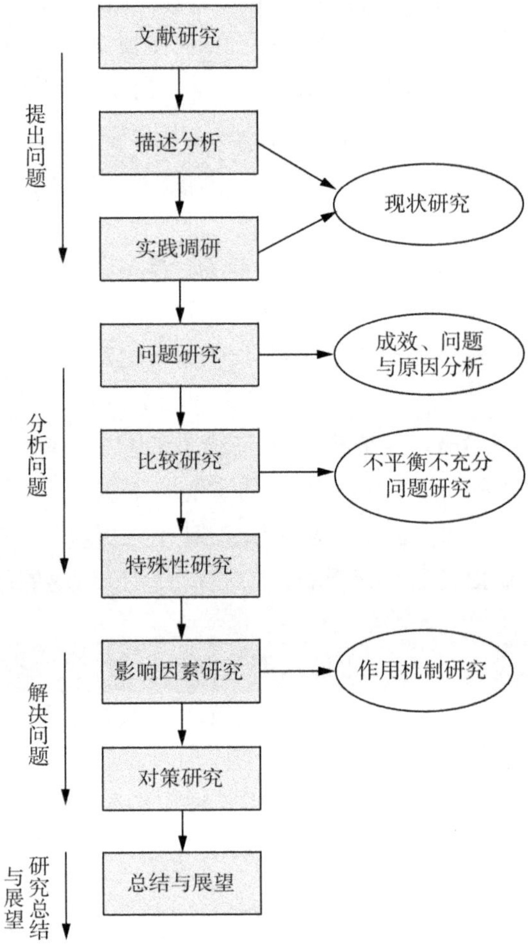

图 1　技术路线图

第二章

研究综述

思政课教学质量和水平始终是思政课程建设和思政课研究的重点，也是有效发挥思政课作为落实立德树人根本任务关键课程重要作用的关键。关于思政课教学质量和水平的研究成果极为丰硕，实践和理论层面、整体和具体问题等多层次、多维度的研究为思政课高质量发展提供了重要支撑。无论是与思政课教学质量和水平直接相关的文献，还是间接相关的文献，均数量多、范围广、内容繁，主要基于思政课教学质量与水平直接相关研究成果进行文献综述。

第一节　思政课建设研究

思政课建设研究文献主要涉及从宏观视角和整体层面研究思政课发展脉络、建设举措、改革创新等方面的研究成果，对总体把握、系统了解、深入研究思政课教学质量和水平有重要意义。

一、思政课政策与制度

国家出台的思政课政策是思政课发展建设的根本遵循，思政课教学质量和水平的提升关键是要落实政策、执行政策、研究政策。胡华等认为，思政课“‘政策设计’主要指党和国家为实现高校思想政治工作和大学生思想政治教育的目标而制定的有关思想政治理论课建设的意见、通知、规定、办法等，既要注重政策的顶层设计，又要注重政策基本框架设计”[①]。李国娟认为，“中共中央出台相关文件指导高校思政课建设，强化顶层设计从体制机制方面谋划思政课建设，取得诸多有益经验，即确定顶层内容体系，解决育什么德的问题；总结推广教学方法，解决怎么教的核心问题；各高校的探索，解决怎么建的关键问题”[②]。思政课政策是思政课发展建设的顶层设计，注重标准、指导和方向引领，总结推广经验、实施有力举措加强思政课建设。

在思政课政策演化历史脉络研究方面，邹聪梳理了“05”方案以来的29篇思政课文件，反映出党和政府对思政课的关注度越来越高，政策导向集中，物资资源建设成效显著，存在政策发布主体联合力度不够、第二课堂建设不够、聚焦学科建设似有不足、人力资源建设相对落后等问题，提出增强政策制定主体的联合力度、加强第二课堂建设、加强学科建设、提高教师的积极性主动性创造性等对策建议[③]。黄艳认为，新时代思政课政策建设进入标准建设阶段，“党和政府将高校思政课政策设计的重点由课程设置转向质量提升，不断明确高校思政课建设的硬性规定，强化思政课基本教学环节和基本条件建设，注重抓基础、立标准，深化内涵建设，筑牢保障体系”。“现如今，高校思政课设置方案基本定型，‘四梁八柱’的政策措施基本出台，高校思政课已经进入‘全面精装修’的提质阶段”[④]。新时代思政课建设政策不断完善，引导思政课高质量发展。马闯梳理与回顾了政策的演进，从落实政策视角研究了新时代思政课建设的路径：“因校制策”落实中央要求、以落实主体责任为保障、“引育培用”落实师资配备、“回归教学”落实质量保障、落实科研平台提高水平、落实评价考核机制、“思政课程＋课程思政”携手发力[⑤]。

在具体政策研究方面，宗钰等对《关于深化新时代学校思想政治理论课改革创新的若干意见》政策过程的内在逻辑机理研究，揭示问题源流、政策源流和政治源流耦合下开启政策之窗，应从对问题回应、政策选择、政治筛选方

① 胡华，卢诚．新中国70年来高校思想政治理论课建设的历史演进与现代审视[J]．理论导刊，2019(12)：18-24.

② 邢继攀．“习近平总书记关于教育的重要论述与高校思政课教学改革论坛学术研讨会”综述[J]．思想政治课研究，2020(1)：122-126.

③ 邹聪．“05方案”以来我国高校思想政治理论课政策研究[D]．武汉：武汉轻工大学，2021.

④ 黄艳．新中国成立70年来高校思想政治理论课政策发展特征探析[J]．大学教育科学，2020(2)：75-82.

⑤ 马闯．新时代高校思想政治理论课建设政策解读及路径研究[J]．改革与开放，2020(14)：76-80.

面，释放出政策溢出辐射效应和影响力[①]。孟宪生认为，《新时代学校思想政治理论课改革创新实施方案》是新时代思政课高质量发展的重要部署，标志着学校思政课建设进入了新阶段，其基本精神是系统推进习近平新时代中国特色社会主义思想进教材、进课堂、进头脑，体现了课程目标规定突出一体化和层次性、课程体系设置注重历史性和全面性、课程内容布局彰显丰富性和系统性、教材体系建设强化生动性和针对性的特点与创新，在贯彻落实中要抓好强化思政课改革创新的规划指导和全面保障、树立和坚持大思政工作理念、加强专题教学体系建设、全面加强教师职业素养建设等关键环节[②]。许欢等认为，党的十八大以来，高校思政课教师队伍建设政策进入持续提升阶段，政策演化的基本路径是建设背景从本土需求到多元冲击、建设目标从数的量化到质的提升、建设规划从离散整合到系统融合；政策演化的内在逻辑是以课程改革为驱动的政策形成机制、以素质提升为取向的政策价值、以制度规范为保障的过程指向。应着重在政策层面：从教师队伍建设、马克思主义理论学科、课程建设的整体性增强教师的学科归属感；以完善的培训体系提升教师队伍的整体素质和专业化水平；创新管理保障体制机制激发教师队伍建设发展活力[③]。

思政课制度化建设与思政课政策紧密相关，即属于政策范畴，又对政策贯彻落实有重要意义。肖贵清认为，新时代思政课制度化建设有利于促进思政课高质量发展、总结建设经验、推进大中小学思政课一体化、适应思政课守正创新，通过教材、教学、教师队伍制度化建设的路径，以加强教学规律研究、组织领导保障、制度间的衔接配套为着力点，加强制度化建设，提升育人效果[④]。

二、思政课发展建设

进入新时代，思政课高质量发展，从历史视角研究思政课建设的成果较

---

① 宗钰，邹放鸣. 新时代思想政治理论课改革创新意见的政策过程检视——基于多源流理论的分析[J]. 江苏高教，2020(6)：109-114.

② 孟宪生. 新时代高校思想政治理论课高质量发展的重要部署——《新时代学校思想政治理论课改革创新实施方案》解读[J]. 思想理论教育，2021(6)：12-18.

③ 许欢，黎万和. 高校思想政治理论课教师队伍建设政策演进与展望[J]. 四川轻化工大学学报(社会科学版)，2020，35(6)：72-83.

④ 肖贵清. 论新时代思想政治理论课的制度化建设[J]. 思想理论教育导刊，2021(4)：98-104.

为丰富。韩振峰等研究了新中国成立70年来思政课建设发展历程，认为进入新时代党中央把思政课建设提到了新的更高的战略位置。思政课建设经历了稳中求进、整体突破时期(2012—2017)，当前进入了继往开来、创新发展时期(2017年以来)，给我们的经验启示是课程建设必须与党的基本理论和方针政策同向同行、必须以马克思主义理论体系为核心内容、必须凸显马克思主义中国化最新成果、必须以理论联系实际为基本原则、必须坚持与时俱进的理论品质①。岳云强基于文献研究揭示，改革开放以来，思政课建设的历史进程研究共有3阶段、4阶段、5阶段和6阶段不同发展阶段的划分，从整体水平看成果质量参差不齐、从研究的形式看一般性成果突出而专门性成果匮乏、从研究的内容看缺乏全面系统深入的研究成果。他认为以党和国家的重要事件、文件为逻辑起点和划分标准较为符合实际，可分为五个阶段，“从改革开放初期到‘85方案’提出和实施，从‘98方案’的提出和实施到‘05方案’的提出和实施，再到党的十八大的召开，经历了从拨乱反正中的恢复与重建到首次登上新台阶，从调整、改革与创新到重大改革与飞跃发展，再到进入新时代、开创新局面的历史发展阶段”②。胡华等认为，当前思政课建设进入全面创新阶段，要把握建设目的与时代使命、建设导向与解决问题、建设政策与学理研究、建设路径与衔接传承相结合的辩证关系，从把握新时代中国特色社会主义的历史方位、强化属性定位、注重政策设计、关注学生成长发展需求与学习期待的重难点问题等方面对思政课进行现代审视③。黄艳等认为，党的十八大以来，思政课建设进入质量攻坚期，在系统梳理研究相关政策的基础上，提出思政课建设突出了体系创新、质量建设和标准建设④。

思政课建设发展历程研究揭示了党和国家对思政课建设的高度重视，清晰展示了思政课建设的成绩和经验，关键在于把握好思政课建设规律。刘建军提出从三个方面把握和妥善处理思政课的规律性：政治属性，遵循政治运作规律；科学属性，遵循学术研究规律；教育属性，遵循教育教学规律，形成综

---

① 韩振峰，李辰洋.新中国成立70年来高校思政课课程建设的发展历程及经验启示[J].北京交通大学学报(社会科学版)，2019，18(4)：42-50.

② 岳云强.改革开放以来高校思政课建设研究综述[J].教书育人(高教论坛)，2020(21)：72-73.

③ 胡华，卢诚.新中国70年来高校思想政治理论课建设的历史演进与现代审视[J].理论导刊，2019(12)：18-24.

④ 黄艳，成黎明.高校思想政治理论课70年建设历程及启示——以党和政府印发的系列重要政策文件为视角[J].文化软实力，2020，5(1)：14-22.

合的思维方法和工作体系才能搞好课程建设，不断提高教育教学的实效性[①]。陈悦认为办好思政课需要在加深认识、提高质量、教师关键作用上下功夫[②]。杨渐雨等认为全媒体时代思政课创新建设要从以下几个方面开展：以党为中心，教师要当好把关人；以学生为中心，学生要成为思政课的主人翁；以平台为中心，实现思政课线上与线下的联动交互；以质量为中心，打造全媒体时代互补式教学团队；以作品为中心，延续思政课的产业链，提升附加价值[③]。

把握思政课建设规律，思政课高质量发展、内涵式发展成为当前思政课建设关注的重点内容。李冉认为，高质量发展是“十四五”时期思政课建设的根本要义，深入推动习近平新时代中国特色社会主义思想铸魂育人、巩固马克思主义在意识形态领域的指导地位、构建高水平思想政治工作体系的必然要求，要以创新理念为引领、以高质量发展为主线、以深化供给侧结构性改革为突破口、以培养社会主义建设者和接班人为根本出发点和落脚点，通过强化领导体系建设、强化支撑体系建设、强化评价体系建设加强党对思政课高质量发展的领导[④]。熊耀林等认为，“十四五”新形势新要求下，需要通过顶层设计精准化、教学内容鲜活化、教学方法多样化、教师队伍专业化、考核评价科学化等举措，推动思政课建设内涵式发展[⑤]。李建等认为，思政课内涵式发展要突出“关键课程”功能定位与根本价值的统一、知识育人与价值引领的统一、高质量集约发展与协同互动的统一，立德树人的价值目标、德才兼备的师资队伍、高标准的一流学科支撑、完备的思政课程育人体系构成了内涵式发展的结构要素，要通过加强党对思政课的领导，建设一支高素质思政教师队伍，加快创新驱动、考核评价体系的路径推动思政课内涵式发展[⑥]。

---

① 刘建军.全面把握思想政治理论课建设的基本规律[J].思想教育研究，2017(4)：57-61.

② 陈悦.办好高校思政课要在“三个着力”上下功夫[J].学校党建与思想教育，2020(16)：39-41.

③ 杨渐雨，林江海.全媒体时代高校思政课创新建设路径探究[J].教育观察，2021，10(37)：71-73.

④ 李冉.推动高校思想政治理论课高质量发展[J].马克思主义理论教学与研究，2021(1)：149-152.

⑤ 熊耀林，禹旭才.新时代高校思政课建设内涵式发展的五维向度[J].武陵学刊，2021，46(5)：139-144.

⑥ 李建，刘羽曦.新时代高校思想政治理论课内涵式发展探析[J].思想政治课研究，2021(3)：123-132.

第二节 思政课教学质量研究

刘双对中国知网收录的2012—2019年CSSCI中的1775篇思政课研究文献，使用CiteSpace软件进行可视化分析，得知思政课研究第一阶段为平稳发展阶段（2012—2016），第二阶段为迅猛增长阶段（2017—2019），研究热点内容主要有建设经验、育人功能、教学内容、教学质量、教学改革、教师队伍研究，最新研究前沿是翻转课堂、亲和力、针对性，加强合作研究、提升线上教学质量和教学经验、线上教学胜任力研究成为研究趋势①。上述研究热点与研究趋势中，思政课教学质量始终是重要方向，其他方向和问题也直接关系和落脚到思政课教学质量和水平提升方面，研究成果数量繁杂，主要梳理与研究相关度高的最新研究成果。

一、思政课教学质量和水平的内涵

关于思政课教学质量的定义和内涵，钱广荣等认为，思政课具有国家意志、社会理性给定性要求与学生的可接受性程度两个教学质量因子，思政课既要“必须能够体现相关文件的指导思想和基本精神，具有规范性、明确性和严肃性的本质特性”，又要“满足学生成长发展需求和期待”②。胡子祥将思政课教学质量定位为“思想政治理论课教学的一组固有特性满足学生成长发展需求和期待的程度”，包括教学质量目标（学生成长发展的需求和期待是什么?）、教学质量要求（思政课的固有特性是什么?）、教学质量方法（如何满足需求或教学质量保证的方式方法是什么?）三个方面，要从深化思想理论、加强学生需求、教学方法方面加强研究③。叶荣国认为可以从认识论、价值论和实践论相互关联的角度分析和认识思政课教学质量的内涵，认识论旨在认识

① 刘双. 新时代思想政治理论课研究热点主题和前沿演进[J]. 福建江夏学院学报，2020，10(5)：102-110.

② 钱广荣，李靖. 关于思想政治理论课教学质量问题的若干思考[J]. 思想理论教育，2012(5)：54-56.

③ 胡子祥. 思想政治理论课教学质量内涵辨析[J]. 思想理论教育，2017(9)：68-72.

"质"的内在规定性，价值论旨在认识"质"的有用性和"量"的有用度，实践论旨在认识"量"的可接受度①。上述视角都包涵了目标要求、教学、学生等最基本的思政课教学质量要素。

徐建飞从内涵意蕴、成就与不足、策略优化、评价监控、基本经验、具体课程质量提升、多维度视角等方面，综述和梳理了思政课教学质量提升研究的焦点，认为界定相关核心概念的科学意涵、转向微观和比较层面研究、融合多视角多学科综合开展研究、转向动态机制研究等是研究趋势，认为"'思政课'教学质量与'思政课'教学实效是'思政课'教学实践活动及其绩效评价的有内在关联的不同概念"。同时，提出"'思政课'教学质量提升内涵意蕴是国家、学校、教师等教学实施主体，依据社会发展需要和学生成长需求，遵循思想政治教育的内在规律，把握青年学生自身的个性特点和个人成长规律，深化思想政治理论课改革，创新思想政治理论课方法，在高校场域有序开展思想政治理论教育，提升思想政治理论课亲和力、感染力、吸引力和说服力，促进青年大学生智力、能力素质的综合全面发展，提高青年大学生的思想道德、价值观念与品质修养，满足青年大学生成长发展的需求和期待"②。对思政课教学质量和思政课教学质量提升分别进行界定和阐释，有利于深化对思政课教学质量和水平提升的认识与研究。

二、思政课教学质量影响因素

陈姝娅总结了高校思政课教学质量提升主要有两种观点，一种观点认为关键在于大力加强马克思主义理论人才培养，通过增加教学内容的厚实感，来增强思想政治理论课的吸引力；另一种观点认为大力加强新技术新媒体的融合创新，通过增加教学手段的多样性，来提升思政课的时代感。提出使用系统论方法使课堂内容要有深有浅、有粗有细、有全有偏，关注学生在理论知识方面的获得感；让授课方式要张弛有度、灵活多变、吸引眼球，关注学生在

① 叶荣国. 高校思想政治理论课教学质量内涵分析与认知维度[J]. 教育评论，2016(9)：143-146.

② 徐建飞. 焦点与前瞻：高校思想政治理论课教学质量提升研究[J]. 周口师范学院学报，2019，36(6)：122-130.

学习体验方面的快乐度①。这两种观点提出的两种路径大致代表了学界对提升思政课教学质量的主要认知，文献研究反映出，更多的研究成果主要是从某一方面和角度、从具体问题来研究思政课教学质量和水平的提升。思政课教学质量影响因素的研究，既体现了宏观视角和总体层面的研究，也反映了对具体问题的研究。高亮等认为深化教学内容改革、创新教学方式手段、提升教师综合素养、以完善的保障体系加大改革创新力度是思政课教学质量提升的四个维度②。张文瑛认为，影响思政课教学质量的因素有创新教学方法，提高授课生动性；认识不足，需要提高教学效果；教学内容需多元化，加强教学管理。从实践教学、教学方法、师资授课、教学内容、教学管理等方面提出了对策建议③。任姣丽的最优化理论视角研究认为，思政教学理论成果、高质量课程开发、课程资源耗费构成了思政课高质量建设指标的一级指标，思政教师、学生以及管理人员的共同努力，才能提高思政课建设质量④。任鹏等基于首届全国高校思政课教学展示活动的公开数据，研究发现教师所在学校和学科平台、科研能力、地区分布是重要影响因素，应着力强化学科建设导向、科研评价导向、优势互补的区域合作导向，才能精准有效地提升思政课教学水平⑤。上述观点从思政课教学内容与环节、课程建设内容等角度研究了思政课教学质量影响因素，综合体现了各类影响因素在不同条件、不同阶段和不同环境下的作用发挥情况。

从具体视角和问题研究思政课教学质量影响因素的成果主要有以下几种。刘晓霞等认为，"获得感+"目标下的主要影响因素有融媒体时代多元化社会思潮冲击了教育效果，供需双方信息不对称导致供给错位不给力，思想政治教育者中存在的"内卷化"效应、青年自我认知不足造成多维场域不在场

---

① 陈姝娅. 高校思想政治理论课教学质量提升路径考察——兼论"系统论"的方法适用[J]. 山西高等学校社会科学学报，2019，31(7)：30-34.

② 高亮，郝海宁. 提升高校思想政治理论课教学质量的四个维度[J]. 和田师范专科学校学报，2019，38(6)：10-13.

③ 张文瑛. 提升高校思想政治理论课教学质量研究[J]. 天津职业院校联合学报，2019，21(7)：114-118.

④ 任姣丽. 最优化理论视角下思想政治理论课高质量建设研究[J]. 内蒙古财经大学学报，2021，19(2)：34-36.

⑤ 任鹏，武贵秀. 高校思想政治理论课教学水平的影响因素及提升策略——基于首届全国高校思想政治理论课教学展示活动的回顾性研究[J]. 思想理论教育，2021(3)：70-75.

等[①]。杨晓锋认为，"学生评教"机制能够有效提高教学质量，但存在学科性质不明显、评教体系不完善、实施过程不严谨、一表评多课、评教结果反馈范围有限等问题，需要从指标构建、实施机制等方面进行规范和完善[②]。宋珍梅研究了 VR 技术应用于高校思政课教学的理论性、必要性、合理性和现实性，及其对教师教学提出的挑战，主张教师应从适应 VR 教学、多样化教学方式、优化内容质量、及时整合更新等路径提升思政课教学实效[③]。胡菊华等认为，获得感是思政课教学质量及其评价的重要指标，通过采用文献计量可视化分析技术研究 2017—2020 年关于大学生对思政课获得感的文献，全面考察和评析研究进程和整体状况，能够对继续深化研究提出具体建议[④]。

三、思政课教学质量提升对策

思政课教学质量和水平提升问题与对策方面的研究成果极为丰硕，宏观视角方面的研究，王春颖提出要提升思政课教师的综合素养，提高学生的主体地位；实施混合式教学模式、注重专题教学、开展行走的课堂，增强思政课的亲和力和学生获得感[⑤]。雷伟认为，高、精、尖是思政课教学质量提升的方位图谱，高是要高点站位，与马克思主义基本立场观点方法和习近平新时代中国特色社会主义思想保持高度一致；精是要有精品意识，课前准备精心、课中讲授精准、课后追踪精细；尖是要尖端追求，打造尖端师资、运用尖端教材、掌握尖端教法[⑥]。顾红亮认为，思政课教学要坚持"术"（方法和技术）、"学"（学理、学术、学科、学养）、"道"（规律）相统一的主要原则，从生根于埋下真善美种子的教师队伍、扎根于祖国大地讲活教学内容、植根于学生成长规律和

① 刘晓霞，曾雪灵，关冬松."获得感＋"目标下高校思政课提质增效初探[J].齐齐哈尔大学学报（哲学社会科学版），2020(4)：166-169.

② 杨晓锋."学生评教"机制对高校思政课教学质量的影响[J].北京教育（高教版），2020(6)：48-51.

③ 宋珍梅.VR 技术提升高校思政课教学实效的探究[J].科教导刊，2021(21)：123-125.

④ 胡菊华，张宝凤，冀道洁.大学生对思政课获得感研究述评与展望——基于文献计量可视化的综合分析[J].教书育人（高教论坛），2021(24)：66-75.

⑤ 王春颖.高校思想政治理论课程教学质量提升策略[J].重庆电子工程职业学院学报，2019，28(6)：112-114.

⑥ 雷伟.论高校思想政治理论课教学质量提升的"高、精、尖"[J].西华师范大学学报（哲学社会科学版），2020(1)：116-119.

需求的实践角度提升思政课教学质量①。

从微观视角研究思政课教学质量提升的主要论点如下。王达品从学校党委、马院、思政课教师视角，提出需三个层面“主体”形成工作合力，必须发挥学校党委主体作用，强化规划指导和全面保障；发挥马院主体作用，做好思政课日常性建设；强化教师主体作用，以责任担当与改革创新提升建设质量②。王凯旋基于幸福学习范式视角，提出思政课教师应运用幸福感产生的心理机制、体验式教学的实践机制、平等化方式的教学机制有效引导学生学习，提升学习实效③。肖述剑从跨学科整合视角，提出需要理念思维上树立共同体意识、内容设计上注重对学生高阶思维能力培养、方法路径上开发运用互联网跨界资源，实现思政课跨学科整合④。杨源从课堂实践视角，提出要解决实践教学有限性与大学生深度参与需求之间、教师主动教学与大学生被动学习之间、师资不足与大学生实践急需引导之间的矛盾，善用“学生讲授＋点评”模式，开展“课前小组展示”活动，构建“虚拟实践平台”等课堂实践⑤。李静宜等从党史学习视角，研究了党史学习教育赋能思政课高质量发展的价值逻辑、理论逻辑、实践逻辑，促进思政课高质量发展⑥。刘经纬等基于“三个导向”视角提出，思政课混合式教学需突出素养导向、问题导向、合作导向，促进思政课教学改革与教学质量提升⑦。陈清从思维培育视角，指出忽视思维训练是制约思政课教学质量提升的重要因素，需要转变教学理念来丰富教学内容，以优化教学策略开展问题导向的教学模式、以更新教学评价方式建立思

① 顾红亮. 思政课教学的“术”“学”“道”与实践途径[J]. 国家教育行政学院学报，2021(1)：11-16.

② 王达品. 发挥三个层面“主体”作用着力提升高校思想政治理论课建设质量[J]. 思想理论教育导刊，2020(12)：108-111.

③ 王凯旋. 基于幸福学习范式的高校思想政治理论课质量提升路径[J]. 安徽工业大学学报(社会科学版)，2020，37(4)：69-71.

④ 肖述剑. 跨学科整合：提升思政课教学质量的有效途径[J]. 湖北成人教育学院学报，2020，26(2)：72-75＋85.

⑤ 杨源. 善用课堂实践提升思想政治理论课教学质量[J]. 山西高等学校社会科学学报，2020，32(7)：30-34.

⑥ 李静宜，刘宏达. 党史学习高标准赋能思政课高质量发展的基本逻辑[J]. 学校党建与思想教育，2021(21)：65-67.

⑦ 刘经纬，林美群. 基于“三个导向”理念的高校思想政治理论课混合式教学设计与质量保障研究[J]. 黑龙江高教研究，2021，39(3)：141-145.

维培育评价指标体系等措施提升思政课教学质量①。

问题导向视角下，刘同舫认为，思政课教学在学生的思想问题调研、教学内容的研究、教学资源的开发与共享、教学模式的总结与推广、绩效评价机制的取向等方面存在问题，应加强对学生思想状况的滚动调研、加深教学内容的学术性基础、扩大优质资源的开发与共享、建立“大思政”的综合交融模式以及促进教学与科研协同并进，进而提高教学质量，增强学生“获得感”②。陈文婕等认为，要遵循“思政课程”与“课程思政”协同发展的课程内容，依托注重“教师主导”与“学生主体”双向互动的课程模式，保障完善“教学能力”与“教师魅力”双标准入的课程队伍，推动思政课改革创新③。杨源等认为，思政课存在课程价值观的一元性与学生价值观的多元化之间的矛盾、课程内容的理论化与学生认知方式的感性化之间的矛盾、课堂内教师单方育人力量与大学生多样化成长需求之间的矛盾，需要围绕立德树人的根本任务进行改革创新，契合“00后”大学生的实际需求，提高育人实效④。

此外，对高职院校和具体思政课程的思政课教学质量提升研究成果也较多，提出了翔实的质量提升路径。如高丽萍以“马原”课为例进行研究，认为思政课教学仍然存在教学理念、教学内容、教学方法和教学手段未能适应新时代新要求的问题，通过树立以学生为本的教学理念、开展专题式教学、采用课堂网络实践三位一体的教学方法、利用雨课堂等方式提升“马原”课教学质量⑤。王浩通过对31个省区和直辖市的465所高职院校思政课教学现状调研，提出以信息技术推动教学模式改革，教材编写向认知体系转化，以教学手段促进教学质量提升，加强组织领导和制度保障等措施加强思政课建设⑥。

---

① 陈清．思维培育视角下高校思想政治理论课教学质量提升策略探析[J]．安徽冶金科技职业学院学报，2021，31(4)：54-56＋74．

② 刘同舫．思想政治理论课教学亟须解决的五个问题[J]．思想理论教育导刊，2019(7)：88-93．

③ 陈文婕，余达淮．提升新时代高校思想政治理论课程质量的三个问题[J]．江苏高教，2019(7)：110-114．

④ 杨源，黄建军．在化解矛盾中提升高校思想政治理论课教学质量[J]．思想理论教育导刊，2019(10)：107-111．

⑤ 高丽萍．新时代提升高校思想政治理论课教学质量路径探析——以马克思主义基本原理概论课为例[J]．内蒙古农业大学学报(社会科学版)，2020，22(1)：39-43．

⑥ 王浩．高职院校思想政治理论课教学现状分析——基于全国465所高职院校的调查[J]．高等职业教育探索，2020，19(5)：20-23．

四、思政课教学改革创新

改革创新是思政课教学质量和水平提升的重要路径，以中央关于思政课改革创新的系列政策要求为“准绳”，研究提出了诸多措施，形成了较多成果。2019 年 10 月 18 日，由上海市高校思想政治理论课教学指导委员会主办，《思想政治课研究》杂志协办的“习近平总书记关于教育的重要论述与高校思政课教学改革论坛”在东华大学召开，卢天琳认为要明确“什么是改革，为什么要改，怎样改?”，制定思政课教学改革成功与否的判断标准，即从形式上讲，教学能灵活地服务于内容的阐述和深化；从过程上讲，要能吸引学生参与、体验并有思考与共鸣；从成效上讲，把马克思主义基本原理同中国实际相结合，除理论外，能用科学的理念、方法分析解决问题。朱秋认为，“高校思政课教学改革要更接地气、更有亲和力、更接近实际，不断提升当代大学生对思政课的理性认知和情感认同，为以后从事国家现代化建设打下坚实的思想政治基础”。金瑶梅认为，需要从意识形态、话语权、教师改革创新团队协作等方面，加强高校思政课教学改革①。

张志元等研究认为，在具体课程设置上主要围绕课程的修订解读、教学设计、教学方法、教学理念、教学载体运用、教学重难点等问题展开；在教学的相关范畴上，主要围绕马克思主义理论与思政课的融合关系、思政课体系与高校课程体系的相互促进关系、思政课教学体系中各门课程间的协调合作关系处理等展开，涉及的具体范畴包含教学方法的探索及总结，立体化教学、小班讨论教学、实践教学、案例教学等教学模式的探索；在教学环节实现价值转化上，坚持理论与实践、教材体系与教学体系等统筹兼顾的重要原则，提升思政课教学质量②。吴春艳等认为，实践教学改革、教学模式改革、教学方法改革是新时代思政课教学研究的重点，思政课教师、核心素养、课堂研究是关注的热点，展望提出：思政课教学中现代信息技术的应用管理评价、思政课教学

---

① 邢继攀.“习近平总书记关于教育的重要论述与高校思政课教学改革论坛学术研讨会”综述[J].思想政治课研究，2020(1)：122-126.

② 张志元，雷慧俊，闫晋丽.思想政治理论课教学研究综述与前瞻[J].山西高等学校社会科学学报，2020，32(1)：37-41.

的普遍性与特殊性、思政课教学与多元学科视角的融合等方面需要进一步加强①。高扬从基础理论研究（整体性研究、信息化背景下研究、交叉学科研究）、高校分层与课程分类研究、教学方法和教学模式构建研究、实践教学与改革实证研究等方面，对十八大以来思政课教学改革研究情况进行文献研究，认为马院建设、教师队伍建设、学科建设成效推动了思政课改革与质量提升，不系统、不均衡等现实短板成为思政课教学改革创新的重点②。思政课改革创新成为研究重点，有效推动了思政课建设。

第三节　西部高校思政课建设研究

受西部经济社会发展影响，西部高校思政课建设与东部高校相比，呈现出较强的特殊性、差异性和滞后性。西部高校思政课教学质量和水平提升问题不仅是西部高校思政课建设中的重点，也得到国家的重视和倾斜支持，东部高校和学者也越来越多地关注西部高校思政课建设。通过文献研究发现，关于西部高校思政课建设研究总体相对薄弱，研究成果在数量和质量上偏低。

一、西部高校思政课建设

西部高校整体发展水平与东部高校仍有较大差距，大环境和大背景使然，西部高校思想政治教育工作和思政课建设也呈现出异于东部高校的特殊性。张凤艳分析了西部边疆高校思想政治理论教育教学的特殊要求，提出了针对性地丰富教育教学内容的对策建议③。苏雪芹对宁夏、新疆、西藏、内蒙古、广西、青海、云南、贵州 8 个省区进行了实地调研，研究了民族分裂主义、民族多样性文化、宗教等实效性因素对西部民族地区高校思政课的影响，揭示出西部民族地区以思政课为主渠道的主流意识形态建设取得了重大成就的

---

① 吴春艳，陈燕妮. 思政课教学十年研究热点回顾与展望——基于 CNKI 2009—2019 文献的可视化研究[J]. 唐山师范学院学报，2021，43(4)：105-110.

② 高扬. 新时代高校思政课教学改革研究综述[J]. 南宁职业技术学院学报，2020，25(4)：33-37.

③ 张凤艳. 西部边疆高校思想政治理论教育教学的特殊要求[J]. 兵团教育学院学报，2009，19(4)：35-37.

同时，还存在对主流意识形态的认同的最集中、最突出问题[①]。以上两位学者揭示了西部高校思政工作和思政课建设的特殊性，关于西部高校思政课教学还有不少学者也都基于特殊性展开了研究。赵瑞雪等认为，西部地区一部分大学生对待思政课是轻视甚至冷漠、排斥的态度，学习的务实性或实用性较强，存在功利化的人生价值观和消解理想、不要信念的心理倾向。思政课教学方法单一死板，需要通过使用多媒体教学增强思政课教学的现实性和趣味性，运用劝导性原则强调情感性和审美性，借鉴思想考古学的方法提升真实性和有效性[②]。赵秀文等分析了西藏、新疆、内蒙古、云南、广西、甘肃等西部地区的高校，校内优质教学资源丰富多样、社会优质教学资源特色鲜明，通过树立协同创新的发展理念、成立多层级立体式资源共享管理部门、紧盯立德树人根本任务与教育信息化、加强思政课优质教学资源共享机制建设等路径，实现思政课优质教学资源共享，提高思政课育人水平[③]。崔小伟认为，针对存在着重复建设、资源共享理念相对滞后、优质资源共享平台数量不足等问题，需要坚持共享共建、开放性和实用实效原则，坚持优化管理、发挥思政课名师和名师工作室引领作用、注重地域文化资源的开发与利用等有效路径，加强西部地区高校思政课优质教学资源共享平台建设[④]。赵晓霞认为，西部高校思政课教师队伍建设存在使命担当认识不到位、结构不合理、储备不足，人才流失严重、学科背景多样、综合素养不高等问题，需要在数量上、结构上、制度机制、融合发展、综合素质等方面全面加强思政课教师队伍建设[⑤]。

西部高校思政课教学质量研究中问题导向鲜明，更侧重于解决高校自身思政课教学中的问题。郭飞研究揭示了西部高职院校思政课教学中存在课堂教学创新乏力，教学效率不高；学生态度不端正，自主学习性较差；课堂纪律较差，师生互动较少；责任意识缺失，敬业精神不高等问题。主要是教育经费投入不足、教师队伍建设偏弱、学生认知偏差、学校管理乏力等多方面原因

---

① 苏雪芹.影响西部民族地区高校思政课实效性因素的调查与分析[J].中国民族教育，2019(12)：46-48.

② 赵瑞雪，贺泉江.高校思想政治理论课教学方法改革探析——以西部欠发达地区高校为例[J].佳木斯教育学院学报，2011(4)：36-37.

③ 赵秀文，金锋.西部边疆地区高校思政课优质教学资源共享研究[J].天水师范学院学报，2020，40(6)：7-11.

④ 崔小伟.西部地区高校思政课优质教学资源共享平台建设研究[J].天水师范学院学报，2020，40(6)：12-16.

⑤ 赵晓霞.西部高校思政课教师队伍建设研究[D].兰州：兰州交通大学，2021.

造成的，需要采取加大高职院校资金投入、加强思政教师队伍建设、激发学生兴趣、稳步推进教学改革等措施[①]。赵洋等总结了西南科技大学思政课"1241"教学改革模式的特点，以考试改革为载体，抓好教师教学和课堂教学状态两个评价，充分利用"听课月"活动、教师教学观摩制度、录制精品视频公开课、创新实践教学环节等四种手段，以教学质量保障体系建设为动力，推动思政课改革创新[②]。上述研究反映出，一方面，西部高校思政课教学的特殊性依然存在，并未随着思政课教学质量的提升而弱化或转化为普遍性特点；另一方面，西部高校思政课教学质量不断提升的过程中，在个别"点"的方面特殊性向着特色性转变。

二、四川省高校思政课建设

四川省高校对思政课实践教学的研究较为突出。李昌国认为，四川省高校思政课实践教学存在经费投入不足、社会资源利用难度大、课酬偏低造成教师积极性不高、指导教师水平有待提高、实践教学形式单一、教学模式有待创新等困境，提出了通过校际合作建立实践教学资源的共建机制[③]。余文盛等对四川省某高校大学生思想政治理论课教学进行了满意度调研，提出要构建一体化思想政治工作格局、落实课程教学基本要求、打造职业素养的创新团队、优化课程内容以增强课堂教学吸引力和感染力、创新教学方法和手段等对策[④]。在红色文化融入思政课教学研究方面，李贞海基于红色基地在高校思想政治教育中的利用情况，从红色文化融入高校思想政治教育课程体系、融入高校思政课实践教学体系、与高校优势互补和资源贡献以及深度融

① 郭飞．思想政治理论课教学现状与策略研究——以西部某省市属高职院校为例[J]．山东工业技术，2016(7)：266-267.

② 赵洋，李汶霖，郭娟娟．高校思想政治理论课"1241"教学改革模式探析——以西部高校西南科技大学为例[J]．南昌师范学院学报，2016，37(4)：58-61.

③ 李昌国．基于校际合作的四川高校思想政治理论课实践教学资源共建共享机制探究[J]．河南教育(高教)，2019(4)：70-74.

④ 余文盛，包志国．大学生思想政治理论课教学满意度研究——基于四川某高校的调查[J]．四川文理学院学报，2019，29(5)：106-117.

合保障等方面提出了高校与红色基地共建路径[①]。陈建锋[②]、张强[③]、张家燕等[④]在总结、阐述"川农大精神"的基础上，提出以"川农大精神"为例，全面加强思政课建设，对高校凝聚校园文化，把校园文化与思想政治教育在思政课教学中有机结合具有较强的创新意义和启示借鉴价值。

四川省高校思政课建设研究的另一个特点是对具体高校思政课建设情况的研究较多。冉亦等以成都大学为例，认为高校英语"课程思政"教学模式应从教材内容、课堂教学内容、教学手段以及教师角色等多方面进行探索[⑤]。石羽以四川音乐学院为例，认为把心理效应运用到思政课教学中，能够促进思政课教学方法改革，提高思政课教学效果[⑥]。王欢[⑦]、李飞燕[⑧]、钟学娥[⑨]等对四川民办高校思政课建设情况进行了研究，提出了加强民办高校思政课建设的具体建议。

四川省高职院校针对本校思政课建设问题研究较多，成果较为丰硕。针对教学问题研究，江晓燕等以四川工业科技学院为例，分析和阐述了"大思政"教育体系下思政课实践教学对爱国主义教育、高尚人生品格、创新创造能力等方面的培养途径[⑩]。巫群珍等以四川交通职业技术学院川高班为例，认为要通过设定职业培训思政教育人才培养目标、职业培训中思政课"三教"(教师、教材、教法)改革、校企合作协同育人机制建设，推动高职院校思政课

---

① 李贞海.红色文化深度融入高校思想政治教育路径探析——以四川省为例[J].大学，2021(2):140-141.

② 陈建锋."川农大精神"爱国情怀融入思政课实践教学的思考[J].现代农业研究，2021,27(8):30-32.

③ 张强."川农大精神"思政元素内涵解析及融入思政课策略探究[J].黑龙江教育(理论与实践)，2020(10):36-39.

④ 张家燕，雷志敏.大学精神在高校思政课建设中的作用探析——以"川农大精神"为例[J].兰州教育学院学报，2019,35(7):133-135.

⑤ 冉亦，李昊霖，王丁，等."课程思政"在高校英语教学中的探索与应用——以成都大学"课程思政"校级示范课资助项目为例[J].科技风，2020(18):103-104.

⑥ 石羽.艺术院校思政课教学中心理效应的合理运用——以四川音乐学院为例[J].文化创新比较研究，2020,4(6):186-187.

⑦ 王欢.民办高校思想政治理论课一体化实践教学体系研究——以四川工商学院为例[J].农家参谋，2020(1):220-221.

⑧ 李飞燕.民办高校实践教学体系建设研究——以四川工商学院思政课为例[J].公关世界，2020(10):57-58.

⑨ 钟学娥.民办高校思政课线上教学模式探索——以四川某民办高校为例[J].黑龙江科学，2021,12(1):100-101.

⑩ 江晓燕，魏崛.高校"大思政"教育体系下思政课实践教学的途径——以四川工业科技学院为例[J].知识文库，2019(22):189-191.

教学改革[①]。杨雅涵等阐述了四川工程职业技术学院基于深度教学理念，以"理论＋实践""线上＋线下"为思路，开展理论课堂、实践课堂、线上课堂的实践创新[②]。针对具体课程教学问题，王雍铮等总结了四川华新现代职业学院《毛泽东思想和中国特色社会主义理论体系》的课堂教学和社会实践项目两大教学环节中"服务学习"的教学理念和教学模式的运用，取得了变"灌输式"教育为"启发式"教学、培养其批判性思维与创新意识、培养融入和服务社会意识、提高社会综合能力等实效[③]。针对实践教学问题，刘珥婷以四川文化传媒职业学院为例，提出要坚持理论实践融合的教学思维，紧扣思政教学大纲建立德育类实践教学基地，提高实践教学的针对性和有效性[④]。针对教师队伍建设问题，王倩桃对成都职业技术学院、四川纺织高等专科职业技术学院、四川科技职业技术学院等 13 所公办和民办职业院校思政课教师队伍建设情况进行研究，提出了整合资源充实数量、完善激励机制稳定队伍、强化管理、加强培养培训、以师德师风建设提高责任意识、加强职业院校间交流合作等对策[⑤]。针对课程思政问题，张雪等以成都工贸职业技术学院为例，研究认为在教育目标上要突出价值引领、知识传授和能力培养，在教育对象上要准确把握高职学生思想特点和发展需求，在教育实施上优化课程思政建设过程，在教育保障上要奠定课程思政建设的坚强后盾。从理论和逻辑上深化了对高职院校课程思政建设的理解和认识[⑥]。

三、云南省高校思政课建设

云南省高校思政课建设研究主要集中在以下主要方向。

专题教学研究方面，陈勇梳理了云南高校思政课慕课教学发展历程、实

---

① 巫群珍，夏莉娜，王贤．高职院校职业培训思政课教学改革路径探究——以四川交通职业技术学院川高班为例[J]．职业教育(中旬刊)，2021，20(8)：65-67.

② 杨雅涵，潘劲．混合空间下的高职思政课深度教学探微——以四川工程职业技术学院为例[J]．中国民航飞行学院学报，2021，32(3)：38-42.

③ 王雍铮，陶军，胡东坡，等．"服务学习"视域下高职思政课教学模式改革研究——以四川华新现代职业学院为例[J]．湖北开放职业学院学报，2019，32(5)：87-89＋96.

④ 刘珥婷．浅谈实践教学基地在高职院校思想政治理论课的运用——以四川文化传媒职业学院为例[J]．济南职业学院学报，2019(1)：69-71.

⑤ 王倩桃．四川省高职院校思想政治理论课教师队伍建设研究[D]．成都：西华大学，2020.

⑥ 张雪，曾俊秀．新时代高职院校"课程思政"建设的逻辑体系与实践进路研究——以成都工贸职业技术学院为例[J]．陕西青年职业学院学报，2020(2)：21-25.

效建设现状，提出加强学生学习中的自我管理、培养优秀师资力量、增强学校建设力度、打造优秀教学平台等对策①。赵晓宾认为，“对分课堂”对边疆高校思政教学有重要价值和意义，要从教学准备、甄选教材、合理分组、科学评价等方面实践运用，教师要做好与学生沟通、鼓励学生、合理分配时间，需要结合当地民族特色，才能较好地完成教学任务②。曾蕾等总结了云南财经大学以成绩单制度建好“第二课堂”，提升思政教育覆盖面和学生参与度，引导学生深入社会实践、关注现实问题③。

在实践教学方面，张艳以昆明的云南大学、昆明理工大学、云南师范大学、云南民族大学、大理大学、红河学院六所高校为样本，研究云南高校思政课实践教学现状与问题，原因在于意识上重视不够、资源上线有限保障不够、运行上配合不够效率低、考评上陈旧不健全，需要采取明确课程目标、优化人才队伍、丰富教学形式、加强组织管理、加大资源投入、完善考评反馈等措施强化实践教学④。沈梦茹等以云南某大学为样本案例，研究结论显示：实践教学比较受学生欢迎、大学生真正地“参与”了实践教学、学生从中获得了知识与能力、路径恰当和规模化的实践教学是可以实施的⑤。

在红色资源融入思政课教学方面，窦金焕等以昆明冶金高等专科学校、昆明卫生职业学院、昆明铁道职业学院、云南水利水电学院、云南工程职业学院为样本，研究云南高职院校将本土革命老区红色文化运用到思政理论教学中的情况，发现存在融入本土革命老区红色文化现状不容乐观、形式较为单一、把握本土革命老区红色文化精神不够深入、营造学习氛围不够浓烈、社会实践不足等问题⑥⑦。贾礼伟认为，在思政课课堂教学中增加云南红色文化的内容能够提高课堂教学质量，把实践教学作为大学生接受云南红色文化教育

① 陈勇. 云南省高校思想政治理论课慕课教学实效性建设研究[D]. 昆明：昆明理工大学，2018.

② 赵晓宾. “对分课堂”在云南边疆民族高校思政课中的教学实践[J]. 文化创新比较研究，2019，3(34)：148-149.

③ 曾蕾，李昀璟，舒挺. 云南财经大学让思政课堂“活”起来[J]. 云岭先锋，2020(8)：46.

④ 张艳. 云南高校思想政治理论课实践教学存在问题及解决对策研究[D]. 昆明：云南师范大学，2021.

⑤ 沈梦茹，任兆昌. 高校思想政治理论课实践教学的路径探析——来自云南Y大学的调查[J]. 云南农业大学学报(社会科学)，2021，15(3)：150-155.

⑥ 窦金焕，李嘉燕. 云南民办高职思政课传承本土红色文化研究——以昆明卫生职业学院为例[J]. 现代交际，2020(2)：22-23.

⑦ 窦金焕. 云南高职院校思政理论课传承本土革命老区红色文化调查报告[J]. 湖南工业职业技术学院学报，2020，20(1)：53-57.

的主要形式，提高教育教学实效[①]。王超品提出了云南高校大学生有效学习“西畴精神”的对策[②]。李金莲认为，把“云南特色案例”融入思政课教学中，能够激发学生兴趣、引起情感共鸣和对现实问题的关切[③]。崔瑞雪提出，要把习近平总书记 2015 年和 2020 年两次考察云南重要讲话精神作为各门思政课的教学内容，通过课堂教学、社会实践、线上线下教学活动的具体路径来深入贯彻落实[④]。罗欢总结了云南大学滇池学院“三个课堂”教育体系，一是完善基础教育课程，改革第一课堂；二是开展专家专题讲座，拓展第二课堂；三是突出自主教育课程，丰富第三课堂[⑤]。

在高职院校和民办高校思政课建设研究方面，吴艳从“八个统一”视角，对云南省高职院校思政课教学现状进行调查和分析，深入阐述了在“八个统一”方面存在的问题[⑥]。黄祥等的研究揭示，民办院校与公办高校思政课教学整体差距较为明显，教师流动性大、结构不太合理、内部管理服务机制体制不够健全稳定等问题依然存在[⑦]。付贝贝研究发现，云南省民办高职院校存在思政课教师数量不足流动性大且参加交流学习的机会少、教学课时短任务重、思政课教学部门没有建立专门的教学档案、经费保障不足、独立教学科研机构设置时间晚等问题，提出了落实中央要求改进发展模式、与时俱进提高教学水平、加强教师队伍建设等推动云南民办高职院校思政课改革的对策建议[⑧]。

四、甘肃省高校思政课建设

甘肃省高校思政课建设研究更为关注具体院校的实际，具有鲜明的问题

---

① 贾礼伟. 云南红色文化与本土高校思想政治理论课的融合研究[J]. 学理论，2020(7)：127-128.

② 王超品. 把“西畴精神”融入高校思政课教学[J]. 社会主义论坛，2020(10)：16-17+58.

③ 李金莲. 把“云南特色案例”融入地方高校思政课的实践与探索[J]. 楚雄师范学院学报，2021，36(1)：145-155.

④ 崔瑞雪. 高校思政课贯彻落实习近平总书记考察云南重要讲话精神的思考[J]. 曲靖师范学院学报，2020，39(5)：76-79.

⑤ 罗欢. 云南大学滇池学院|上好思政课 传承红色基因[J]. 云岭先锋，2020(11)：48.

⑥ 吴艳. “八个统一”语境下云南高职院校思政课教学现状调查[J]. 现代职业教育，2021(45)：216-217.

⑦ 黄祥，杨继伟，于大海. 云南省民办高校思想政治理论课建设与改革创新调研报告[J]. 祖国，2019(13)：228-230.

⑧ 付贝贝. 云南民办高职院校思政课改革发展的问题与对策研究[J]. 智库时代，2020(14)：215-216.

导向。刘养卉以甘肃省某高校为例研究发现，思政课主要存在教师能力素质不强、学生的主体意识和接受教育的能动性不高、教学过程组织欠佳、课程评价方法比较单一等问题，提出了强化思政课教学、提高教师能力、调动学生积极性主动性、创新评价机制、优化教学环境等对策①。张娟对甘肃省 7 所民办高校思政教师队伍建设情况进行了调研，认为思政教师多方面的素质依然有待提升，应从提高教师招聘标准、入职后教育培训促进青年教师成长、提升科研能力等三个方面加强思政课教师队伍建设②。

红色资源及地域文化融入思政课教学问题备受关注，郑茹月提出了红色资源融入思政课的顶层设计与资源开发、教学方法与手段创新、共建红色基地实现协同育人等有效策略③。唐湘珍等以平凉职业技术学院为例，认为需要提高红色档案资源重要性的认知能力、回应时代打造红色文化网络平台、构建全方位的红色档案资源教育架构，推动甘肃省红色档案资源融入思政课教学④。刘超认为，采取教师准备教学案例、组织学生开展调查、收集相关资料、现场教学、信息技术创新教学方式等方式，通过思政课教师实践能力、互动交流、历史知识与人文素质培育等，助力地域文化传承与应用⑤。

围绕思政课改革创新问题，胡国霞总结了兰州财经大学陇桥学院“马原”双语教学改革及实践情况，针对英语专业学生的专业特点，在理念上和教材、课程考核形式上实现了有效创新⑥。豆学兰认为，新时代下社会主义核心价值观融入思政课的有效路径是加强思政课教师队伍建设、改善思政课教学方式方法、立足大学生生活现状且遵循大学生成长成才规律⑦。石光乾等选取了甘肃省内某高校本专科学生、河西（河东）等 9 所省域高校为样本，提出要以

① 刘养卉. 新形势下高校思想政治理论课教学存在的问题及对策研究——基于对甘肃 Z 高校的调查[J]. 安徽农业大学学报（社会科学版），2017，26(5)：105-110.

② 张娟. 民办高校思政课教师队伍建设状况的调查与分析——基于甘肃民办高校思政课教师素质现状调查[J]. 佳木斯职业学院学报，2020，36(8)：33-34.

③ 郑茹月. 红色资源融入地方高校思政课现状调查——以甘肃省为例[J]. 甘肃高师学报，2020，25(6)：80-83.

④ 唐湘珍，王明星. 甘肃红色档案资源融入高等职业院校思政课教学的路径探究[J]. 中国多媒体与网络教学学报（中旬刊），2020(6)：55-56.

⑤ 刘超. 地域性文化融入甘肃高校思想政治理论课教学改革研究[J]. 中国多媒体与网络教学学报（上旬刊），2021(10)：222-224.

⑥ 胡国霞. 新形势下甘肃省独立院校思政课教学改革研究——以兰州财经大学陇桥学院为例[J]. 吉林广播电视大学学报，2018(6)：33-34.

⑦ 豆学兰. 新时代下社会主义核心价值观融入思想政治理论课路径探析——以甘肃部分高职高专院校为例[J]. 南方论刊，2019(1)：95-97.

开放、创新视野从课程内容、师资队伍、教学方法等多维度深化思政课教育教学改革，发挥思想实践引领作用①。孙树志等总结了甘肃广播电视大学远程教育思政课教学创新实践：用好网络教学平台，发挥线上教学主渠道作用；善用多种教学方法，确保线下面授效果最优化；强化学习过程监控，推进教学评价体系科学化②。此外，个案研究成果较多，主要总结具体高校思政课建设的具体做法、经验和模式等。

五、青海省高校思政课建设

在青海省高校思政课建设历史与现状方面，代表性研究主要有以下几个方向。沙雪卓玛研究了改革开放以来青海高校思政课建设史，认为党的十八大以来青海高校思政课进入全面发展阶段，重点论述了青海大学、青海民族大学、青海师范大学、青海高等职业技术学院等高校的思政课发展建设脉络，全面总结了青海高校思政课建设的成就、经验、存在的问题和发展对策③。郝鑫科对青海大学、青海民族大学、青海师范大学的思政课教学现状进行调研，提出了巩固大学生马克思主义信仰的科学基础、坚持使用科学的灌输与启发式教学、编写以民族文化为背景的思政课教材、坚持第一课堂和第二课堂相结合的教学方式等青海省高校办好思政课教学的相关对策④。针对思政课教学实效问题，王蕾以青海大学、青海师范大学、青海民族大学 3 所本科院校和青海交通职业技术学院、青海警官职业学院 2 所专科院校为调研样本，研究认为青海省高校思政课教学现状存在大学生思政课兴趣度有待提高、教学内容还需继续深化等情况，提出了激发学生认真学习思想政治理论课的意识、树立学生主体的教学理念、丰富教学内容、多种教学方法相结合等对策。以上论述反映了青海省高校思政课总体上的建设情况，特别是教学实效情况⑤。

红色资源与地域文化融入思政课教学方面，张利涛分析了红色文化、生

① 石光乾，张婷．新时代高校思政教育理论与实践创新机制——基于甘肃省属高校实证调研分析[J]．北部湾大学学报，2020，35(7)：12-17+31.

② 孙树志，李琼．新时代远程教育背景下广播电视大学思政课教学创新实践——以甘肃广播电视大学为例[J]．开封文化艺术职业学院学报，2020，40(9)：167-169.

③ 沙雪卓玛．改革开放以来青海高校思政课建设史研究[D]．西宁：青海师范大学，2021.

④ 郝鑫科．青海省高校思想政治理论课的现状及对策研究——基于青海省高校大学生思政课教学现状调查[J]．高校后勤研究，2021(4)：63-67.

⑤ 王蕾．青海高校思想政治理论课有效性研究[D]．西宁：青海大学，2018.

态文化和民族文化等青海地方文化的思想政治教育功能，提出了将地方文化融入思政课教学具体目标、主要内容和教学评价体系中，将地方文化场所列为思政课教学的主要平台①。李永福认为，青海红色文化资源融入思政课，存在课堂教学中对红色文化资源的理论内容引用较少、红色实践教学活动匮乏、校园红色文化网站的构建不够完善、青海红色文化理论研究不足等问题，提出青海红色文化资源合理地融入思政课、拓展红色文化的实践性教学活动、营造良好的红色文化宣传氛围等对策②。

思政课改革创新始终是研究的重点内容，高莉苹指出，青海省高校思政课教学改革创新取得了转变教学理念、更新教学模式、改变教学方式、创新学习评价、优化教学内容等有益改革成果③。温海英等总结了青海省高职院校思想道德修养与法律基础课"一体两翼"教学模式，但还存在组织管理不完善、积极性不高、集体备课不健全等问题，提出了应用混合式教学模式、丰富校内外实践教学方法、加强职业院校间协同创新等对策④。张爱莲等通过对宁夏、青海、山东三省区 55 所高校调研发现，思政课教师对特聘教授遴选来源的建议呈现出多元化倾向，对高校思政课特聘教授工作有一定的参考意义，从不同侧面对比研究了青海省高校推动思政课改革创新情况⑤。

六、西藏自治区高校思政课建设

西藏高校思政课建设研究成果主要集中于贯彻落实国家思政课建设政策要求，结合西藏实际提出具体对策建议。尼玛次仁等认为，要理直气壮开好思政课，全面推动西藏高校思政课建设⑥。孟祥凤分析了"课程思政"建设

① 张利涛.关于地方文化融入高校思政课教学的思考——以青海省为例[J].广西教育学院学报，2017(6)：153-156.

② 李永福.青海红色文化资源融入高校思想政治理论课研究[D].西宁：青海大学，2020.

③ 高莉苹.新时代青海省高校思想政治理论课教学改革创新之路[J].祖国，2020(2)：141-142+170.

④ 温海英，温海霞，杨丽芳，等.青海高职院校思政课"一体两翼"教学模式创新研究——以"思想道德修养与法律基础"课为例[J].教师，2021(24)：3-4.

⑤ 张爱莲，曹晓晴.高校思想政治理论课特聘教授来源选择调查分析——以宁夏、青海、山东三省区为例[J].高校辅导员学刊，2020，12(6)：13-19.

⑥ 尼玛次仁，纪建洲.理直气壮开好思政课　奋力走出一条具有中国特色西藏特点的思政课建设路子[J].新西藏(汉文版)，2019(5)：14-16.

在西藏高校何以可能、何以实现的问题,以提升育人实效[①]。张浩等提出,西藏高校思政课应将政治性与学理性相统一作为核心教学目标,加强马克思主义学科建设、推动教学体系转化、创新教学方法、强化实践教学、加强思政队伍建设[②]。在政策落实与理论研究的同时,更多学者关注西藏高校思政课建设的具体问题。郭孟伟等认为,建构新时代西藏高校网络思政教学模式要坚持守正创新,处理好“加”与“融”的关系、“术”与“道”的关系、“教”与“育”的关系[③]。袁晓慧等提出,西藏高校思政课要从提升教学能力、加强教师综合素养、丰富教育手段等方面,培育大学生坚定“四个自信”[④][⑤]。

老西藏精神、“两路”精神是西藏重要的红色资源,受到西藏高校、思政课教师和研究人员的高度关注。曲姿璇等认为,需要打造精品校园文化活动,积极推动西藏红色资源融入高校思政课,强化宣传并开发本土红色资源校园网络平台[⑥]。才让拉毛等认为,西藏高校用好讲好思政课新修订教材要结合西藏社会的现实,如融入老西藏精神、“两路”精神及玉麦精神等,对提高思政课教学有一定的启示意义[⑦]。依托老西藏精神、“两路”精神红色资源的思政课实践教学,也成为西藏高校思政课建设的重要内容。杨富认为,要坚持立德树人的根本原则和开发区域特色资源、学生为主体、“大思政”、与学校实际和专业特点相结合、用足用好政策资源的原则,从建设校内实践教学基地、挖掘和整合区域特色资源、构建“大师资”队伍、构建“大思政”课堂、完善形成科学保障体系和科学考核评价机制等路径,推动西藏高校思政课实践教学创新[⑧]。曾会提出,西藏高校思政课实践教学要运用西藏红色文化资源、校园社

---

① 孟祥凤.西藏高校推进“课程思政”建设的前提性思考[J].西藏教育,2019(9):6-9.

② 张浩,刘权政,刘长亮.逻辑归因与实现路径:西藏高校思政课坚持政治性与学理性相统一探析[J].西藏民族大学学报(哲学社会科学版),2021,42(2):93-99+111.

③ 郭孟伟,张天世,袁晓慧,等.守正创新:新时代西藏高校网络思政教学模式探析[J].佳木斯职业学院学报,2019(9):104-105+107.

④ 袁晓慧,郭孟伟.西藏高校思政课之意识形态安全教育探析[J].西藏教育,2019(10):32-35.

⑤ 袁晓慧,郭孟伟,张天世.西藏高校思政课培育大学生坚定“四个自信”的路径研究[J].长江丛刊,2021(8):188-190.

⑥ 曲姿璇,扎西.西藏红色资源嵌入西藏高校思政课实践教学的具体运用[J].西藏发展论坛,2020(5):78-82.

⑦ 才让拉毛,吴春宝.西藏高校用好讲好思政课新修订教材的对策研究[J].中国多媒体与网络教学学报(上旬刊),2020(2):239-240.

⑧ 杨富.西藏高校思政课实践教学创新路径研究[J].吉林省教育学院学报,2019,35(2):134-137.

团活动、“三联三进一交友”等资源，加强思政课实践教学的实效性①。

针对思政课教学质量提升，杨富认为，需要构建思政课教学共同体、学习共同体、教研共同体、课程育人共同体和课程建设共同体，推进思政课改革创新，落实好立德树人根本任务②。杨文仙认为，增强西藏大学生思政课获得感的路径有充实和提升教学内容、创新教学方式、丰富教学载体、优化西藏高校思政课教师队伍、提高思政课教学质量等③。提升思政课教学质量，需要深入推动思政课改革创新，次吉等认为，西藏高校思政课改革创新，要坚持以立德树人为中心环节，规范思政课教学改革，坚持以学生为主体增进思政课亲和力、针对性，坚持以合力提升思政课教学效果，加强思政课教师队伍建设④⑤。郭孟伟认为，要把握好教学目标的高度与梯度、教学内容的深度与广度、教学方法的常度与韧度、教学情境的温度与亮度、教学评价的尺度与效度，推动西藏高校思政课改革创新⑥。杨富认为，倾斜性政策、专项计划、经费支持、对口支援、红色资源等是西藏高校思政课的主要教学资源。西藏高校思政课教学资源的保障作用显著，但改革与创新作用不明显，需要通过高质量开展专题教学、创建性开展实践教学、建设教学研究宣传的综合平台、开展马克思主义学院共建等路径推动思政课改革创新⑦。

① 曾会.西藏高校思想政治理论课实践教学初探[J].法制与社会，2020(16)：191-192.

② 杨富.西藏高校思政课教学质量提升共同体构建研究[J].西藏大学学报(社会科学版)，2020，35(2)：206-209.

③ 杨文仙.试析西藏高校大学生思政课获得感的制约因素及提升路径[J].西藏教育，2020(9)：46-49.

④ 次吉，陈乐.探究西藏高校思想政治理论课教学的改革创新[J].教育现代化，2019，6(64)：199-200.

⑤ 次吉.西藏高校思政理论课教学现状与改革对策探析[J].文化创新比较研究，2019，3(25)：31-32.

⑥ 郭孟伟.“度”：推动西藏高校思政课改革创新的关键[J].西藏教育，2019(6)：12-16.

⑦ 杨富.基于资源观的新时代西藏高校思政课改革与创新[J].西藏教育，2020(3)：16-19.

第三章

描述性分析

全面深入掌握西部高校思政课教学质量和水平现状是研究的重要内容，也是研究的实践逻辑起点。研究主要从三个维度开展西部高校思政课教学质量和水平现状研究，一是在文献综述的基础上深化文献研究，重点把握学界研究揭示的西部高校思政课教学质量和水平现实情况；二是使用观察法对西部高校思政课教学质量和水平进行描述分析，重点分析四川省、云南省、甘肃省、青海省和西藏自治区等省区层面实施的加强思政课建设的主要措施和宏观视阈下的思政课教学总体情况；三是开展西部高校思政课教学质量和水平实践研究，对文献研究和描述分析所揭示的现状、成效、问题进行验证，对研究涉及的重点问题、核心问题和难点问题进行深入实践调研。通过三重维度的相互验证与比较，强化研究的信度和效度，客观、真实、翔实地揭示西部高校思政课教学质量和水平现状。

第一节　文献挖掘

在文献综述的基础上，选择典型文献所揭示的西部高校思政课教学质量和水平现状进行评述分析，揭示当前研究所指向的四川省、云南省、甘肃省、青海省和西藏自治区高校思政课教学质量和水平的共性问题和差异化特征。

典型文献选择的标准：一是时间标准，选取最新文献突出研究时效性，主要是 2019 年以来发表的论文和专著，同时筛选了 2017 年和 2018 年个别典型意义和价值显著的文献；二是研究类型标准，选取实践调研和统计分析类学术论文，以数据翔实的定量研究论文为主，突出精准性，避免定性研究所造成的普遍性认知的泛化，提升研究的信度；三是质量标准，主要借助知网所呈现的期刊评价、下载数量、引用数量等指标和深度阅读所判定的文章参考借鉴价值选取典型文献，提升研究的信度；四是翔实程度标准，重点选取能反映西部省区总体情况、个别高校具体情况等具有典型和特色案例化的学术论文，突出研究的针对性；五是案例特征标准，以案例和内容的数量集中程度选择文献，在文献间相互印证、重证比较研究的基础上，突出研究的普遍性、关注度和推广价值。

一、四川省高校思政课教学质量和水平现状

关于现状研究的10篇典型文献，从多个角度整体上反映四川省高校思政课教学质量和水平现状。思政课实践教学方面，四川省高校结合地域红色资源深入挖掘实践教学资源，形成了各有特点的教学特色，如川南地区的宜宾学院思想道德修养与法律基础课实行“五个一工程”、川东地区的四川文理学院以思政课实践教学课题竞赛选拔资助学生开展社会调查和实践考察、川北地区的川北医学院与医学专业服务相结合开展爱心义诊和疾病调查等活动、川中地区的四川职业技术学院投资150万元建设校内“思想道德训育中心”、川西北地区的西南科技大学的“四结合”实践教学模式、川西地区的电子科技大学“重走长征路”“红色文化体验”“棋盘村社会实践”等思政课社会实践品牌、攀西地区的西昌学院创建性开展各类主题实践活动等。同时，也存在思政课实践教学存在实践经费投入不足、高校重视程度不够、实践基地缺乏、实践课课酬偏低、指导教师的实践教学水平有待提高、实践教学形式单一等问题[①]。四川文理学院以川东北川陕苏区红色文化资源为依托，形成了“一线一体六翼三结合”的思政课实践教学改革实践，“一线”即以红色文化、中华民族的优秀传统文化、社会主义的伟大成就等为主线；“一体”即以“2＋1”教学改革为主体（2学时/周的理论课和1学时/周的实践课）；“六翼”即以读书报告、特色实践、“文理思政”线上线下平台、大学生思政课社会实践调查课题、大学生讲思政课、大学生红色之旅等六种形式；“三结合”即实践教学与地方红色

① 李昌国.基于校际合作的四川高校思想政治理论课实践教学资源共建共享机制探究[J].河南教育（高教），2019(4)：70-74.

文化资源相结合、实践教学与专业特点相结合、实践教学与学生成长相结合，但在组织、经费、认知、形式、参与、考评等方面仍存在困境①。四川文理学院思政课融入红色文化资源，推进红色文化的“三进”工作，将红色文化转化为教育教学资源，从内容上构建红色文化教学体系、实践平台与红色教育直接对接、红色故事引入课堂、互联网与红色文化的有机融合、在教学手段上利用多媒体与技术的时效性提升红色文化教学体系的时代性②。四川文理学院思政课实践教学印证和重证了四川省高校思政课实践教学问题，点面结合反映了四川省高校思政课实践教学情况，较为全面、详细地梳理总结了现状，也反映了四川省高校思政课实践教学的总体发展趋势。

四川农业大学把“川农大精神”有效融入思政课，“川农大精神”融入思政课有重要意义，蕴含了丰富的思政元素内涵，把大学精神融入思政课建设开辟了思政课建设的新视阈。以“川农大精神”推动思政课建设的结合点是校风建设，对大学精神融入思政课建设有启示意义，融入教风建设，提升思政课施教主体的师德水平；融入学风建设，促进思政课受教主体的学习自觉；融入干风建设，发挥思政课领导主体的示范效应③④。思政课教学突出“川农大精神”爱国情怀，培育课堂实践品牌，深化爱国情怀的理性认同；营造校园实践氛围，增强爱国情怀的校园感染力；开展社会实践教学，推进爱国情怀的社会影响；搞好线上实践活动，加大爱国情怀的网络传播⑤。“川农大精神”融入思政课教学具有典型特征、鲜明特色和推广价值，四川农大把校园文化、红色文化、思政课有机结合，以思政课建设为重要推动，把学校发展、教学质量提升、人才培养与思政教育等高度融合与统一。

四川省高职院校总体呈现出学校数量多、分布广的特点。思政课教师的总体情况：学历结构方面，硕士学历教师约占 72%、博士学历教师约占 8%、本科学历教师约占 20%；年龄结构方面，40 岁以下的青年教师占到调查总人数

---

① 罗大蒙.“金课”视域下思想政治理论课实践教学机制探析——以四川文理学院为例[J]. 四川文理学院学报，2021，31(3)：131-138.

② 陈岗. 思想政治理论课中红色文化资源的应用研究——以四川文理学院为例[J]. 四川文理学院学报，2018，28(4)：140-145.

③ 张家燕，雷志敏. 大学精神在高校思政课建设中的作用探析——以“川农大精神”为例[J]. 兰州教育学院学报，2019，35(7)：133-135.

④ 张强.“川农大精神”思政元素内涵解析及融入思政课策略探究[J]. 黑龙江教育(理论与实践)，2020(10)：36-39.

⑤ 陈建锋.“川农大精神”爱国情怀融入思政课实践教学的思考[J]. 现代农业研究，2021，27(8)：30-32.

的56％，40～55岁的教师占比33％，55岁以上的教师仅占11％；职称结构方面，思政课教师中助教占比24％，讲师人数居多、占比51％，副教授占比21％，仅有4％的教师是教授职称；专业结构方面，42％的思政课教师专业为马克思主义理论，13％的教师专业是教育学，11％的教师专业为历史，34％的教师在学生阶段为非对口专业①。以成都工业职业技术学院为例，该校思政课专任教师人数与学生人数之比距离1∶350的比例还有一定的差距。在学历结构方面，该校思政课教师本科学历的人员居多，比例高达67％，缺乏硕士、博士等高层次人才；在年龄结构方面，该校45岁以上教师占50％，30岁以下的教师仅1名；在职称及级别方面，该校校级骨干教师4名，教授、省级教学名师等高职称、高级别教师缺乏②③。四川省职业院校思政课建设的重要影响因素是思政课教师，提升思政课教学质量关键要抓好思政课教师队伍建设。

在思政课教学改革创新方面，四川警察学院积极推动思政课教学改革，把思政课教学与职业精神结合④⑤；四川护理职业学院探索思政课小班化教学实效性，加强思政课实践教学体系建设⑥⑦；四川工商学院立足本校特色形成一体化实践教学体系，把思政课与文化实践、家庭实践、社会实践和专业课实践相结合，通过党建引领、思想引领和评价改革等措施，强化民办高校思政课一体化实践教学保障⑧。四川省民办高校思政课实践教学体系建设取得了一定成效，校园文化为载体，开展课外实践活动；创新教育模式，理论传输与实践锻炼相结合；改革考核方式，调动学生积极性、主动性、创造性；加强师资队

---

① 王倩桃.四川省高职院校思想政治理论课教师队伍建设研究[D].成都：西华大学，2020.

② 刘晓莉，唐自慧，张德荣，等.高职院校思想政治理论课“四位一体”教学模式的实践探索——以成都工业职业技术学院为例[J].教育现代化，2018，5(11)：47-50.

③ 刘晓莉，唐璐，王姣，等.新时代加强高职院校思政课教师队伍建设路径探析——以成都工业职业技术学院为例[J].现代职业教育，2021(38)：224-225.

④ 胡宇南.新时代条件下“四维”视域的思政课教学改革——以四川警察学院为例[J].四川警察学院学报，2019，31(5)：79-84.

⑤ 马中全.公安院校思政课筑根基砺警魂的实现路径探索——以四川警察学院为例[J].四川警察学院学报，2020，32(4)：91-97.

⑥ 林雪琳.职业院校思想政治理论课小班化教学实效性探讨——以四川护理职业学院为例[J].科教导刊(中旬刊)，2018(5)：97-98.

⑦ 王景，谢孝红.新时代高职院校思想政治理论课实践教学体系的探索与构建——以四川护理职业学院思政课实践教学为例[J].卫生职业教育，2021，39(11)：36-38.

⑧ 王欢.民办高校思想政治理论课一体化实践教学体系研究——以四川工商学院为例[J].农家参谋，2020(1)：220-221.

伍建设,奠定人才基础①。成都锦城学院主要侧重思政课实践教学、思政课改革创新、强化教学实效,积极推动思政课建设②③④。虽然,具体高校思政课教学的研究内容不一致,但从不同层面和视角反映了四川省高校思政课教学的总体情况。

文献研究揭示出四川省高校思政课教学质量和水平的现状:一是实践教学特色较为明显,结合四川省红色资源推动思政课实践教学,高校间实践教学的差异度显著,形成了自身特点、特征;二是对思政课教学具体问题较为关注,立足本校思政课教学的现状和实际,从队伍建设、教学方法、评价方式、改革创新等方面推动思政课教学质量提升;三是高职院校在思政课教师队伍方面与国家思政课建设要求处于基本达标水平,在师生比方面尚有差距,在思政课教师数量、学历、年龄、职称等方面加强建设的空间还较大。

二、云南省高校思政课教学质量和水平现状

文献研究从几个方面揭示了云南省高校思政课教学现状,在高校思政课慕课建设方面,云南大学、云南民族大学与学堂在线合作的慕课平台建设初具规模,其中云南大学慕课平台课程达 63 门,涉及多学科领域。昆明理工大学"教育在线"构建并实现了支持教学资源整合及多种教学模式的数字化教学环境,以及面向师生教学活动的统一化教学环境。云南民族大学基本实现了"马克思主义基本原理"(以下简称"原理")、"毛泽东思想与中国特色社会主义理论体系概论"(以下简称"概论")、"思想道德与法治"(以下简称"基础")、"中国近现代史纲要"(以下简称"纲要")四门思政课慕课全覆盖。云南大学、云南民族大学和学堂在线达成合作,昆明理工大学和优课联盟合作、曲靖师范学院与上海交通大学"好大学在线"合作,云南省各高校的慕课平台建设大多是依靠与省外高校慕课平台合作的方式来进行。云南省目前没有一

---

① 李飞燕.民办高校实践教学体系建设研究——以四川工商学院思政课为例[J].公关世界,2020(10):57-58.

② 陈海燕.应用型大学思想政治理论课实践教学创新研究——以四川大学锦城学院为例[J].长江丛刊,2018(20):235-236.

③ 刘诗佳.思想政治理论教学与实践改革的关键问题探究——以四川大学锦江学院为例[J].北方文学,2018(21):125-126.

④ 张茜.应用型高校思政课入脑入心的教学路径研究——以四川大学锦城学院为例[J].大陆桥视野,2020(12):118-119.

家知名慕课平台，优质慕课教学资源不足[①]。在实践教学方面，云南大学、昆明理工大学、云南师范大学、云南民族大学、大理大学、红河学院6所高校的实践教学反映了云南高校思政课实践教学现状：学生对思政课实践教学已具备基本的认知，思政课实践教学成效明显，但存在实践教学目标实施及定位有偏差、实践教学主体参与能动性不足、实践教学形式陈旧单一、实践教学组织管理不够规范、实践教学资源保障不够有力、实践教学考评机制不够健全等问题[②]。在思政课学习情况方面，云南农业大学学生学习思政课现状显示：该校78.7%的大学生认为学习思政课很重要，57.3%的大学生喜欢学习思政课，80.4%的大学生认为学习对自己个人成长帮助很大，77.3%的大学生认为自己的思想政治水平有了提高；68.8%的大学生经常在考试前才开始复习，40.8%的大学生参加考试只要能通过就行；课程教学大多采取大班教学，班级规模一般都在120人左右[③]。

云南省高职院校思政课教学在“八个统一”方面存在政治性和学理性脱节现象，部分老师过分强调政治性而忽略学理性，36.99%的受访者认为思想政治课没有照本宣科现象，58.54%的受访者认为思想政治课教学内容枯燥乏味；有的老师过分注重学理性而淡化政治性。23.36%的受访者认为，教师不会把思想道德修养和法律基础作为伦理和法学课程讲授[④]。调研数据从教学侧揭示了云南职业院校学生思政课学习实效差的重要原因，反映了云南职业院校思政课教学实效的总体情况。云南国土资源职业学院课程思政课教学中，学生存在思政课学习低效率、学习积极性不高、学习效果差、知识理解不深等问题，有些课程思政的教学内容滞后于社会的快速发展，不切合实际需要，无法满足学生发展的实际需求，教学方式和手段依然单调固定，课程思政从源头上就不受任课老师的认可[⑤][⑥]。云南林业职业技术学院专任教师共

---

① 陈勇.云南省高校思想政治理论课慕课教学实效性建设研究[D].昆明：昆明理工大学，2018.

② 张艳.云南高校思想政治理论课实践教学存在问题及解决对策研究[D].昆明：云南师范大学，2021.

③ 王飞，王金梅.农业院校大学生思想政治理论课学习状况分析与对策——以云南农业大学为例[J].教育观察，2020，9(17)：21-23.

④ 吴艳.“八个统一”语境下云南高职院校思政课教学现状调查[J].现代职业教育，2021(45)：216-217.

⑤ 张颖.云南国土资源职业学院课程思政建设状况综述[J].产业与科技论坛，2020，19(19)：108-109.

⑥ 张颖，徐娇.新时代下“课程思政”教育教学体系改革探索研究——以云南国土资源职业学院教育性班会课为例[J].教育教学论坛，2019(42)：40-41.

计 11 人，兼课教师共计 7 人，思政教育专业教师共计 5 人，其余为汉语言文学类、法学类、会计类等专业；研究生学历教师共计 6 人，其余教师学历均为本科；在思政教师队伍中，仍然有非党员教师。学生入学情况方面，36.3%的学生从入学初就非常精准地定位了自己将来的职业规划，专业课学习特别认真；47.9%的学生是因为高考失利来到高职院校而明确升本学历目标，大学英语和专业课学习非常认真；15.8%的学生对自己的大学生活没有明确的规划，对未来的发展仍持不确定观点。高职院校存在思政课教学改革成效不明显、高职学生对思政课的兴趣点和认同度不高、思政课教师的职业倦怠感更为突出的问题。工科类高职院校忽视了思政课的育人作用，思政课教师队伍建设仍需加强，亟待推动高职院校思政课教学改革创新，提高思政课教学质量①。

云南省民办高职院校思政课教师数量不足、流动性大，且参加交流学习的机会少，个别学校思政课教师与在校生的比例为 1∶1550。教学课时短、任务重，思政课教师平均每周课时量达到了 20 个课时，思政课教学时间比公立院校缩短至少 3 个星期，部分院校的实践课程没有单独计算课时，安排在了教学周当中。思政课教学部门没有建立专门的教学档案、经费保障不足、独立教学科研机构设置时间晚等，这些问题不同程度地存在，但也积累了将思政课教育教学同培养应用型人才的需求结合起来、有侧重点的开展思政课教学、严格按照国家要求进行思政课改革、健全教学单位设置、加强教师队伍建设等方面的经验②。云南省高校思政课建设中，本科院校与专科院校、公办高校和民办院校间呈现出不均衡的情况，民办院校思政课教学质量提升的重点仍是“达标”，高校间的协同效应尚未形成。

三、甘肃省高校思政课教学质量和水平现状

甘肃省高校学生对思政课反映和满意度情况：在思政课教学效果评价方面，61%的学生对马克思主义信仰具有感情认同，但同时认为课程只追求理论教学，脱离实际；56%的学生认为课程内容缺乏实践性和针对性，与就业毫

---

① 保云莹，张婉尧，孙琳慧. 高职院校思政课教学改革的困境及突破路径探析——以云南林业职业技术学院为例[J]. 教育现代化，2019，6(76)：213-215.

② 付贝贝. 云南民办高职院校思政课改革发展的问题与对策研究[J]. 智库时代，2020(14)：215-216.

无关系;42%的学生学习动力不足,课程内容、教学形式传统单一,学生不感兴趣。在思政课教学提升大学生思想水平、提升教学实效方面,64.6%的学生认为思政课应减少说教,增加时事讨论和参加社会活动;58.8%的学生认为应多开展教育宣传、思想交流等实践性教育活动;56.5%的学生认为应通过形式多样的政治理论课程强化学习效果;37.6%的学生认为应经常参观爱国主义基地和场所①。高职高专院校推进社会主义核心价值观融入思政课教学的情况,在思政课讲授社会主义核心价值观融入方面,68%的教师表示自己有意增强这一方面的内容,32%的教师表示完全按照教材内容讲授。在讲授方式方法方面,26%的教师积极探索授课方法,56%的教师有想法但未实际行动起来,18%的教师没有想法。在教师了解学生的思想动态和价值观念方面,28%的教师表示专门做过调研,45%的教师通过补课时与学生交流而了解,27%的教师表示不太了解。在教师阅读和研究马列原著方面,15%的教师表示系统阅读过马列原著;25%的教师表示阅读过部分内容;60%的教师表示未曾阅读,只是间接学习过相关内容。教师不够重视教学工具和教学方式方法,68%的教师在教学工具方面只是采用了多媒体课件教学,很少使用自媒体教学,50岁以上的教师主要使用传统教学工具。学生了解和践行社会主义核心价值观方面,68%的学生了解并能自觉践行,25%的学生了解不全面但能践行,7%的学生践行方面做得也不够;了解途径方面,78%的学生通过思想政治理论课了解,22%的学生通过电视等其他途径了解;对国家层面价值观的看法方面,87%学生认为国家富强与自己的发展有密切的联系,13%的学生认为国家富强和自己的发展没有关系或关系甚少。思政课教学实效不显著,学生获得感不强②。

在具体院校思政课教学现状方面,兰州理工大学基于理工科大学的思政课“三位一体”学生实践教学模式,即课内、课外和校外实践教学,从第一课堂延伸到第二课堂,将理论与实际结合起来③。兰州理工大学创新思政课课堂教学方式,探索线上线下混合式教学模式、互动式教学、启发式教学、专题式

---

① 石光乾,张婷.新时代高校思政教育理论与实践创新机制——基于甘肃省属高校实证调研分析[J].北部湾大学学报,2020,35(7):12-17+31.

② 豆学兰.新时代下社会主义核心价值观融入思想政治理论课路径探析——以甘肃部分高职高专院校为例[J].南方论刊,2019(1):95-97.

③ 裴雯.思政课“三位一体”实践教学模式的创新思考——以兰州理工大学为例[J].教书育人(高教论坛),2018(36):102-103.

教学;创新网络教学方式,搭建课程网络教学平台、创建思政课专题网站和思政课知识测试系统、建设思政课程网络互动平台;创新实践教学方式,思政课教学模式创新与实践的成效和特色显著①。甘肃林业职业技术学院探索出了“1+3”实践教学模式,“1”即教师实践教学,“3”即课内实践教学、课外实践教学以及校外实践教学共同构成“三位一体”的学生实践教学模式,但还存在内容和形式单调、普及覆盖率较低、实践成效不显著和考核效果不明显等问题②。甘肃医学院、甘肃广播电视大学、兰州文理学院等高校思政课教学研究,与上述研究揭示的现状基本一致,反映了甘肃省高校在思政课教学的总体情况③④⑤。

甘肃省民办高校思政教学中关注较多的是教师队伍建设情况,师生比例高达1∶476,中青年硕士教师占教师总人数的74.8%,中级职称教师占教师总人数的50.3%。年龄结构方面,35岁以下的青年教师占36.6%,40岁以下的中青年教师占46.3%,40~50岁的教师明显较少。任教时间方面,4年及4年以下的教师人数占比为34.1%,4~10年的教师占比为41.9%,青年教师所占比重较大⑥。民办院校思政课教师队伍建设较为薄弱,各省民办高校情况总体一致,教师队伍建设始终是西部高校思政课建设的关键。

四、青海省高校思政课教学质量和水平现状

青海省高校中青海大学、青海民族大学、青海师范大学具体一定的代表性,关于青海省高校思政课教学研究多以这三所高校为典型和研究样本。课程设置方面,青海师范大学2015年专门制定了2015年招收的藏族班学生的培养方案,2016年重新开设“马克思主义民族理论与政策”公共政治理论课,

① 刘小雪.高校思想政治理论课教学模式创新与实践——以兰州理工大学为例[J].大学教育,2020(3):118-120.

② 常文峰,郭三龙.新时代高职院校思政课实践教学模式探析——以甘肃林业职业技术学院为例[J].职业教育研究,2021(4):59-63.

③ 唐湘珍.基于“供给侧”视角下的新升本科院校思政课教学的瓶颈与路径探析——甘肃医学院个例研究[J].现代职业教育,2019(1):64-65.

④ 孙树志,李琼.新时代远程教育背景下广播电视大学思政课教学创新实践——以甘肃广播电视大学为例[J].开封文化艺术职业学院学报,2020,40(9):167-169

⑤ 张婷,王妮.新时代高校思想政治理论课亲和力提升策略探析——以兰州文理学院为例[J].甘肃广播电视大学学报,2021,31(2):80-83.

⑥ 张娟.民办高校思政课教师队伍建设状况的调查与分析——基于甘肃民办高校思政课教师素质现状调查[J].佳木斯职业学院学报,2020,36(8):33-34.

2019年按要求开设了全校性《习近平新时代中国特色社会主义思想概论》选修课。青海民族大学2017年实行思政课的“专题化教学、项目化实践、多元化评价”专项教学改革，建立“青海少数民族思想政治教育实验室”，建设思政课校外实践教学基地。学科建设方面，青海大学自2014年率先成立了马克思主义学院，青海省高校都陆续设立了马克思主义的一级学科，推进了青海高校思政课的建设。教研室和研究中心设置方面，青海高校基本都分别设置了马克思主义基本原理等课程教研室，青海大学还设置了中国特色社会主义理论教研室，青海师范大学设置了思想政治教育专业、马克思主义中国化理论、马克思主义民族理论与形势政策等教研室。师资队伍方面，青海高校思政课教师的总体数量不足，青海大学思政课专职教师有34名，师生比例为1∶497；青海师范大学思政课专职教师有39名，师生比例为1∶344；青海民族大学思政课专职教师仅有28名。青海高校思政课教师队伍的师生比例仍然存在着较大的差距。平台建设方面，青海大学以青年博士为带头人成立“社会主义核心价值观”等四个研究中心，青海大学与清华大学、中国地质大学（北京）、华东理工大学马克思主义学院建立了对口支援和对口协作关系；青海师范大学与北京师范大学、陕西师范大学、山东大学、兰州大学、曲阜师范大学马克思主义学院建立了对口支援、协作关系；青海民族大学马克思主义学院与中国人民大学和天津大学建立了对口支援、协作关系①。三所高校思政课教学现状，思政课获得感方面，4.2%的学生表示获得感非常多，3.19%的学生表示获得感比较多，40.44%的学生表示获得感一般，39.86%的学生表示获得感较少，12.31%的学生表示获得感非常少，亟待强化思想政治教育，思政课教学任务艰巨②。

青海大学、青海师范大学、青海民族大学3所本科院校和青海交通职业技术学院、青海警官职业学院2所专科院校反映出青海高校思政课教学现状存在大学生思政课兴趣度有待提高、教学内容还需继续深化等情况。教育对象、教育者、教学内容、教学方法等是影响思政课教学的重要因素，学生学习态度、思政课教师工作状况、教学内容深化和教学方法改进等制约了思政课教学实效，反映出青海高校思政课教学的总体情况③。青海大学思政课呈现

① 沙雪卓玛.改革开放以来青海高校思政课建设史研究[D].西宁：青海师范大学，2021.

② 郝鑫科.青海省高校思想政治理论课的现状及对策研究——基于青海省高校大学生思政课教学现状调查[J].高校后勤研究，2021(4)：63-67.

③ 王蕾.青海高校思想政治理论课有效性研究[D].西宁：青海大学，2018.

特色化、优势化发展趋势，以“第一课堂”为基础、“第二课堂”为支撑的“思政＋双创”协同育人模式，依托校内双创实践实训基地形成创新创业精英化教育模式，依托优势学科形成创新创业专业特色化教育模式，积累了发挥思政课在高校立德树人中的主渠道作用、以“双创”教育为载体促进思政教育提质增效的经验，树立以素质教育为核心深化“两个课堂”相结合的教育理念、以优化高校思政教育教学模式推进青海高校双创教育体制改革、以优化创新创业实践基地建设打造协同育人体系、以加强人才培养和制度保障储备扎根青海的高素质应用型人才等推动“思政＋双创”协同育人模式深度融合路径[①]。充分说明民族地区高校思政课特色化教学需要弘扬中国精神，开拓中华民族未来发展的方向；系统培育“五观”，凝聚中国特色社会主义事业的人心归向；加强“五个认同”，引领青春航向。在此基础上，用中华优秀传统文化丰富思政课内容和深化价值意识，利用本土资源增强思想政治理论课的亲和力[②]。

青海省高校中藏族学生相对较多，藏族学生思政课学习中存在学生内心抵触、认识不足，师生缺乏沟通、失去信心，思政课理论性较强、授课方式单一等问题，这些造成了思政课堂教学效果不佳等情况，与前述高校研究揭示的现状相似，从另一视角反映了青海省高校思政课教学现状[③]。青海畜牧兽医职业技术学院[④]、青海高等职业技术学院等学校的思政课教学研究反映出，在思政课教学质量和水平上，青海省专科院校与本科院校差距较大，停留在解决问题、落实政策、夯实基础的阶段[⑤]。

五、西藏自治区高校思政课教学质量和水平现状

西藏自治区有本科院校 4 所、专科院校 3 所，文献关于西藏高校思政课教学研究，以 7 所院校为样本，涵盖较为全面。西藏高校生思政课获得感与满意度方

---

① 郭振，张利涛.“思政＋双创”协同育人模式的青海实践——以青海大学为例[J].新疆职业教育研究，2019，10(1)：50-54.

② 孙舒景.民族地区高校思想政治理论课特色化教学的导向与途径——以青海大学为例[J].西部素质教育，2018，4(17)：28-30.

③ 郑娜.根据藏族学生自身特点有效提升思政课教学效果的途径——以青海警官职业学院藏族学生为例[J].改革与开放，2017(12)：81-82＋84.

④ 蒲世翠，李晶月.高职院校思政课贯彻落实习近平新时代中国特色社会主义思想路径研究——以青海畜牧兽医职业技术学院为例[J].现代职业教育，2019(5)：90-91.

⑤ 温海英.浅析高职院校思想政治理论课教学的历史意识与现实关注问题——以青海高等职业技术学院为例[J].佳木斯职业学院学报，2019(6)：263-264.

面，39.9％的学生认为思政课“难”或“非常难”，不易学习。30.2％的学生“非常同意”教师应当多结合现实实例进行讲解，以便于学生理解。47.7％的学生反映，他们没有参与任何形式的实践教学，对实践教学满意度最低，需求最为强烈[①]。西藏7所高校思政课教师队伍建设情况，年龄结构方面，90后约占10％，80后约占50％，70后约占32％，60后约占8％；专业来源方面，基本从马克思主义理论学科或相近学科中引进补充；学历结构方面，研究生学历已达80％，部分高校博士研究生的比例在逐年提高；职称结构方面，高级职称比例达32％、中级职称比例为55％、初级职称比例为13％。从2014—2020年的数据来分析，思政课专职教师高级专业技术职务的数量指标在此阶段的增速明显低于其他学科，甚至略有下降。2017—2019年，思政课专职教师发表文章109篇，但有40多篇为非马克思主义理论学科的学术论文[②]。

西藏民族大学把校史校情教育融入思政课，开设校史选修课、开展校史案例教学、开展实践教学等是校史校情教育融入思政课的有效方式，针对了西藏高校和学生的学习实际[③]。西藏大学、西藏民族大学、西藏农牧学院“纲要”教学中，46.5％的学生认为学校和家庭教育对培育社会主义核心价值观起着重要的作用，32％的学生认为全社会共同参与是培育社会主义核心价值观的有效方式。西藏高校开设了“马克思主义‘五观’教育概论”课程，凸显了西藏高校思政课教学的特色，铸牢中华民族共同体意识、理想信念教育、老西藏精神、民族团结进步教育等内容也成为思想政治教育和思政课教学的重要内容[④⑤⑥⑦]。

---

① 王彦智. 西藏高校思政课教学的历史、成效与质量提升[J]. 西藏大学学报（社会科学版），2020，35(4)：192-197.

② 卓拉. 浅析新时代西藏高校思政课教师队伍建设[J]. 西藏教育，2021(10)：16-20.

③ 张翠娟. 校史校情教育融入思想政治理论课初探——以西藏民族大学为例[J]. 文化创新比较研究，2019，3(19)：165-166.

④ 刘玉. 西藏高校思政课铸牢大学生中华民族共同体意识教育探析——以《马克思主义“五观”教育概论》为例[J]. 西藏大学学报（社会科学版），2020，35(2)：216-223.

⑤ 刘玉. 论新时代西藏高校青年学生理想信念教育——以“思想道德修养与法律基础”课程为例[J]. 西藏教育，2021(8)：19-23.

⑥ 柯燕，黄全花. “红色”资源在西藏高校“思政课”教学中的运用——以“老西藏精神”为例[J]. 西部素质教育，2019，5(22)：16-20＋26.

⑦ 曹水群. 将民族团结进步教育有效融入“思政课”——学习总书记贺信精神的思考[J]. 西藏民族大学学报（哲学社会科学版），2019，40(2)：1-3.

第二节　综合分析

文献挖掘反映了学界对西部高校思政课教学质量和水平现状研究情况，主要是从高校、思政课教师与研究者的视角进行研究，缺少从省区党委政府和教育主管部门视角下的研究。综合分析主要目标从省区党委政府特别是教育主管部门视角分析思政课教学现状，从宏观和整体层面研究西部高校思政课教学质量和水平的现状。综合分析侧重点，一是对四川省、云南省、甘肃省、青海省和西藏自治区实施的高校思政课建设政策、措施进行分析研究，归纳总结重点举措、特色做法；二是对各省区高校思政课建设总体情况、建设成效，以及对各省区高校思政课教学质量和水平进行描述和评价；三是对各省区高校思政课建设情况、思政课教学质量情况进行比较研究，形成描述性分析结论，对西部高校思政课教学质量和水平进行定性的整体评价与认知。资料收集渠道和描述分析的维度主要集中在三个方面：一是各省区教育厅和政府网站、新闻媒介等宣传报道，能够反映本省区对高校思政课建设的重视程度、平台建设、推广效应和影响力等情况；二是对各省区个别教育厅思政管理者和工作人员及个别高校思政课教师进行访谈，以访谈形式深入了解思政课教学质量现状；三是文献深入挖掘揭示对各省区高校思政课教学政策措施研究情况，多层面、多视角研究西部省区层面高校思政课教学质量提升情况。

一、四川省高校思政课教学质量提升的主要举措

四川省加强高校思政课建设，提升思政课教学质量，主要采取了以下主要举措：

一是扎实推进领导干部上讲台制度。四川省委书记、省长、省委省政府相关领导同志，市（州）党委、政府主要负责同志到高校作形势政策报告，有效带动了高校党委书记、校长带头听课、讲课。书记、校长每学期至少给学生讲授 4 个课时的思政课，高校领导班子其他成员每学期至少给学生讲授 2 个课时的思政课。

二是成立四川省高校思想政治理论课建设专家指导组、四川省高校思想

政治理论课教师培训中心(挂靠四川大学马克思主义学院),加强思政课建设的统筹和指导规划。

三是积极支持高校把四川省红色资源融入思政课教学,打造了9条红色研学线路,支持学校建立112个红色教育基地,整合社会力量、挖掘红色资源、提升思政课育人成效。

四是实施"课程思政"示范专业、示范课程、示范教学团队、教学名师工作室建设等专项支撑思政课建设,开展"精彩一课"讲课比赛、青年教师教学能手大赛等活动,提升思政课教学质量。

五是推动思政课教学研究。四川省社会科学规划项目中专门设立"思想政治理论课研究专项课题",四川省教育厅制定《四川省高校思想政治教育研究课题(思想政治理论课青年教师专项)管理办法(试行)》,设立高校思想政治教育研究课(思想政治理论课青年教师专项),推动思政课教学研究和思想政治教育工作。

六是加强思政课教师队伍建设。制定了《新时代高等学校思想政治理论课教师队伍建设规定》,按照师生比不低于1∶350的比例核定专职思政课教师岗位,配备到位专职思政课教师。2021年加强思政课教师、辅导员队伍建设,数量与2020年相比分别增长15.36%、21.78%。

七是加强马克思主义学院建设。2021年新增高校马克思主义学院17个,除个别专科院校和民办院校外,四川省高校基本建立了马克思主义学院。

八是根据全日制在校生总数,按照本科院校每生每年不低于40元、专科院校每生每年不低于30元的标准安排专项经费,用于保障思政课教师的学术交流、实践研修等,并根据实际情况逐步加大支持力度。此项措施在四川省高校中正逐步推进。

二、云南省高校思政课教学质量提升的主要举措

云南省加强思政课建设、提升思政课教学质量,主要采取了以下举措:

一是成立云南省高校思想政治理论课教学指导委员会,省高校思想政治理论课教学研究会、思想政治理论课分课程教研中心,成立了学校思想政治工作智库、云南省高等学校思想政治教育研究会,通过专业性专门化机构提高思政课教学质量。

二是深入贯彻教育部关于思政课建设的系列要求,从制度着手,制定了

《关于深化新时代学校思想政治理论课改革创新的若干措施》，加强思政课建设的顶层设计、总体规划和具体举措，积极推动深化新时代学校思政课改革创新先行试点地区各项工作。

三是全面加强思政课教师队伍建设。提出在2022年底前，通过"公开招聘一批、校内转岗一批、工作调动一批、人才引进一批、退休教师返聘一批"等方式，按照师生比不低于1：350的比例设置专职思政课教师岗位，配齐专职思政课教师。每3年对高校思政课教师轮训1遍，教师每年至少参加1次以上实践研修。职称系列单独设立马克思主义理论类别，校级职称评聘委员会有同比例的马克思主义理论学科专家。强化绩效激励，以专职思政课教师月人均2000元、专职辅导员月人均1000元的标准，纳入绩效工资。每两年遴选1次思政课名师工作室主持人、教学名师、骨干教师，教师表彰奖励中单列思政课教师名额，选树最美思政课教师典型。培养教学名师、骨干教师，各类高层次人才项目向专职思政课教师倾斜，实施思政课教学科研团队"择优支持"项目、优秀中青年思政课教师"择优资助"项目，支持思政课教师在职攻读硕士、博士等措施，支持思政课教师发展。

四是加强马院和学科专业建设。全省36所高校成立了马克思主义学院，云南大学马克思主义学院成为全国重点马克思主义学院建设培育单位，建有10所省级重点马克思主义学院。支持有条件的高校设置马克思主义理论本科专业。

五是全面提升思政课教学质量，规范思政课常规管理，独立设置思政课教学科研二级机构，按思政课必修课程设置教研室。高校实行100人以下的中班教学，积极推行小班教学。积极开展思政课示范教学展示活动，每年组织开展思政课教学基本功比赛。开展思政课教学质量监测，在教学成果奖中单列思政课专项。积极实施高校课程思政示范课重点培育项目，建设高校课程思政特色课堂、高校课程思政省级精品课，建设高校课程思政示范校。先后开展了思政课教师赴国内外参加学习培训和实践研修、全省高校思政课教师教学比赛、首届云南省思政课模式创新与混合式教学研讨会、大中小学思政课一体化研讨会等活动，提升思政课教学质量。

六是在省社会科学基金项目、省教育厅科研基金项目等科研项目中，设立思政课研究专项。深化"双百双进"活动，即百名党政干部进高校思政课堂、百名高校思政课教师进机关。高校党委书记、校长每学期至少给学生讲授4个课时的思政课，高校领导班子其他成员每学期至少给学生讲授2个课时的思政课。

七是落实各级党委常委会每年至少专题研究1次思政课建设、省委领导班子成员联系学校和到学校讲思政课或作形势政策报告制度，高校党委会议(党委常委会会议)每学期至少专题研究1次思政课建设。

八是在专项经费支持上，按照本科院校每生每年不低于40元、专科院校每生每年不低于30元的标准安排，加强思政课建设资金保障。

九是民办学校在思政课专职教师配备、教研机构设置、经费投入和课程、学分、课时、教材、教学管理等方面，与公办学校同等要求。

三、甘肃省高校思政课教学质量提升的主要举措

甘肃省加强高校思政课建设、提升思政课教学质量，主要采取了以下举措：

一是开展“创新计划”(普通高校思想政治理论课建设体系创新计划)和“建设标准”(高等学校思想政治理论课建设标准)等推动思政课建设系列工作，结合甘肃省实际，贯彻党和国家思政课建设要求。

二是强化制度保障。甘肃省委教育工作领导小组制定印发《甘肃省深化新时代学校思想政治理论课改革创新实施方案》(甘教领〔2020〕1号)，从具体举措、措施、责任分工、完成时限等方面对甘肃省思政课建设做了全面规划。高校层面也推出了制度保障，如中共甘肃民族师范学院委员会制定了《加强新时代思想政治理论课建设实施方案》(甘民师党发〔2021〕15号)，加强制度的贯彻落实。

三是成立甘肃省高校思想政治理论课教指委、甘肃省大中小思政课一体化指导委员会、甘肃省高校思想政治理论课分教学指导委员会，分为“马克思主义基本原理”“毛泽东思想和中国特色社会主义理论体系概论”“中国近现代史纲要”“思想道德修养与法律基础”“‘形势与政策’和‘当代世界经济与政治’”等5个分教学指导委员会。

四是在教指委组织指导下开展集体备课，各高校以研讨会、交流会形式联合集体备课，讨论教学重难点、教学方法改革，修改教案，完善课件，优化教学设计，共享课程资源。

五是实施示范高校、教学研究示范中心、示范专业、示范课程教学名师和团队等高校课程思政示范项目，设立建设研究项目、思政课名师工作室项目，

开展“教学能手”评选大赛、思政课名师示范课巡讲交流等活动，全面推动思政课建设。

六是推动协同发展。制定了《甘肃省教育厅、甘肃省高校工委关于开展高校思想政治理论课跨校选课改革试点工作的通知》(甘教高〔2014〕27 号)、《甘肃省教育厅、甘肃省高校工委关于进一步开展安宁高校思想政治理论课跨校选课、学分互认工作的通知》(甘教高〔2017〕1 号)，西北师范大学、甘肃农业大学、兰州交通大学、甘肃政法学院、兰州城市学院、甘肃交通职业技术学院、兰州职业技术学院、西北师范大学知行学院开展跨校选课，整合了高校思政课资源，协同发展、整体提升思政课教学质量。

四、青海省高校思政课教学质量提升的主要举措

青海省加强思政课建设，提升思政课教学质量，主要采取了如下举措：

一是组建学校思想政治工作指导委员会、高校思想政治理论课教学指导委员会，成立青海省学校思想政治理论课协同创新中心、高校网络思政工作中心、全国高校思想政治理论课教师研修基地(青海大学)，机构组织健全。

二是加强制度建设。制定了《加强新时代学校思想政治理论课建设的若干措施》《关于加强中小学思想政治理论课教师队伍建设的若干措施》《高校党务工作者专业技术职务评聘办法》《青海省深化高等学校教师职称制度改革实施方案》《2020 年省级领导干部上讲台讲授思想政治理论课教学计划》《市县两级领导干部上讲台讲授思想政治理论课实施方案》等，从制度上推进思政课教学。

三是实施高校按师生比不低于 1∶300 的比例配齐专职思想政治理论课教师，按师生比不低于 1∶200 的比例配齐专职辅导员，每个院(系)配备 2 名专职组织员。将思想政治工作者和党务工作者列入教师序列。思政课教师职称评审可纳入单列计划，高级岗位比例不低于学校平均水平，可单设标准，单独分组评审。实施思想政治工作队伍后备人才培养计划和优秀思想政治理论课中青年教师培育计划。将马克思主义理论人才纳入“高端创新人才千人计划”、“高校十百千工程”、马克思主义理论人才“百人计划”、思想政治理论课教师“领航计划”、优秀思想政治理论课教师评选，在全国率先实施高校思想政治理论课特聘教授讲学制度。

四是打造思政课精彩课堂。开展思政课教师“手拉手”集体备课、“周末

理论大讲堂”集体备课、教学竞赛“课程思政”精品课、“理论热点大讲堂”、“双百双讲”、思政课课堂观摩、优秀案例评选、送教下乡、“名师示范课堂”活动，完善思政课教学评价体系。开设民族理论与民族政策课程，提高思政课教学的针对性和实效性。

五是省、市(州)、县(市、区)级领导干部每人联系一所学校、若干名思想政治理论课教师，坚持每学期讲一次思想政治理论课或作一次形势报告。校领导班子成员讲思政课、听思政课、说思政课，成为常态化工作。

六是把马克思主义理论学科列入省校两级重点学科、重点专业，进行重点建设。实施省级示范马克思主义学院建设，宣传部、教育厅、财政厅等部门和高校共建马克思主义学院。依托国家对口支援西部高校马院和马学科建设，清华大学等国内著名高校对口支援青海大学等高校马克思主义学院。2018 年青海大学、青海师范大学马克思主义理论硕士学位授权点获批一级学科，实现零的突破。

七是加强平台建设。中国原子城纪念馆、红军西路军纪念馆等建设成为高校思政课实践基地，“青海大学生在线”正式运行，建立辅导员班主任微博、校务微博、校园微信公众账号，实施易班计划。青海大学、青海师范大学、青海民族大学建立习近平新时代中国特色社会主义思想研究中心，建设全省高校思政课教师培训基地。

五、西藏自治区高校思政课教学质量提升的主要举措

西藏自治区加强思政课建设，提升思政课教学质量，主要采取了以下举措：

一是成立了高校思想政治理论课教学指导委员会、西藏高校思想政治工作研究会，建立思政教师培训基地(西藏民族大学)。

二是开展高校青年教师教学竞赛，设立思想政治理论课组别，召开新时代西藏高校思想政治教育课程改革创新研讨会，设立名师工作室，开展“开学第一课”学习贯彻习近平总书记致西藏民族大学建校 60 周年贺信精神及习近平总书记给在首钢医院实习的西藏大学医学院学生回信精神等活动。

三是设立西藏思政专项课题，后调整为教育科学课题、高校人文社科课题，教改项目设立思政课专项课题，以课题研究支撑思政课教学建设。

四是加强师资队伍建设。西藏自治区人社厅、教育厅也采取了支持思政

课建设的系列措施，如单列思政教师职称评审系列，制定思政课教师职称评审的单独、具体办法，加强思政课教学队伍建设。

五是在专项计划经费保障的基础上，按每生每年 300 元标准核拨思政工作专项经费，足额列支思政课教师研修经费。

六是《新时代西藏高校思想政治理论课教学工作基本要求》规定，西藏高校本专科思政课程设置中应开设"马克思主义历史观民族观国家观文化观宗教观教育概论"，34 学时；研究生课程中同样开设，17 学时。西藏教育厅组织编写了《马克思主义"历史观、国家观、民族观、宗教观、文化观"概论》，并及时修订更新。

七是西藏农牧学院与林芝市公众村，拉萨师专与拉萨市林周县党员党性教育基地，西藏民族大学与陕西省爱国主义教育基地等共同建设了一批思政课实践教学基地。

八是在教育部对口支援西部地区高校、学校计划中，西藏高校全部纳入，由对口支援高校支援西藏高校马克思主义理论学科建设和马院建设。

通过对四川、云南、甘肃、青海、西藏五省区实施的思政课建设和教学质量提升举措的综合分析，揭示出西部高校思政课教学质量提升的现状：一是西部省区对思政课的重视程度显著提升，从"第一课""关键课程""一把手工程"的高度认识到推动思政课建设。二是西部省区较为全面贯彻落实了思政课教学质量提升措施，"面"上的举措措施较为全面，但政策落实的"深度"在"双一流"高校、普通本科院校、专科院校和民办院校间差异度较大，其主要原因与高校自身的性质、差别直接相关。三是西部省区从政策、经费、具体活动措施等方面，为高校思政课教学质量提升提供了全方位支持，各省区的举措基本一致，贯彻要求、符合规定、达到标准的"基本线"体现的较为明显。四是西部省区在思政课建设和教学质量提升"特色"方面还不足，结合文献挖掘情况反映出，西部高校思政课教学质量提升在特色建设、发展能力、整体水平方面与东部高校有一定差距。四川省在全域思政课教学中实行红色资源开发与运用，青海省实施思政课特聘教授制度、民族宗教政策与理论教学，西藏自治区增设的马克思主义"五观"思政课课程，一定程度上体现了西部省区高校思政课的特色，但"特殊"性突出，示范和带动作用尚未充分释放。

第四章

实践调研

在文献挖掘和网络数据分析的基础上，对西部高校思政课教学质量和水平提升问题进行问卷调研、重点访谈，全面、翔实了解西部高校思政课教学质量和水平提升现状，深入、准确把握深层次问题，找准重点和难点。同时，对文献挖掘和网络数据分析所揭示的现状和问题进行重证、两者之间对问题描述和分析的矛盾之处进行重点调研，力求客观、全面揭示西部高校思政课教学质量提升的现状。

第一节　实践调研的方法

实践调研以“问卷星”开展问卷调研为主，辅以专题访谈，通过“问卷星”进行问卷数据统计分析。访谈调研采用了线上和实地两种形式，对西部省区高校思政课教学质量重点问题进行访谈，一是对问卷结果评估、验证与修正等问题进行专家咨询性质的访谈，二是对问卷中数据值差较大的问题进行访谈，从质性研究视角开展。问卷调研相关情况如下。

一、问卷的主要目的

一是根据项目研究要求，重点了解《高等学校马克思主义学院建设标准(2017 年本)》《新时代高校思想政治理论课教学工作基本要求》贯彻执行情况，主要调研思政课教学“达标”状况。

二是了解《关于深化新时代学校思想政治理论课改革创新的若干意见》《普通高等学校马克思主义学院建设标准(2019 年本)》《高等学校课程思政建设指导纲要》《新时代学校思想政治理论课改革创新实施方案》等落实情况，主要调研思政课教学改革创新状况。

三是调查了解西部高校思政课教学质量和水平提升的现状、主要措施、成效和问题。

二、问卷的主要内容

问卷内容的维度：主要分为质量维度和水平维度两个维度。质量维度重点考察西部高校思政课的教学质量，以政策的贯彻和执行为依据，考察是否到达政策规定的标准和要求，是否实施了政策所提出的提升思政课教学质量的主要措施；水平维度重点考察西部高校思政课教学水平，主要了解西部高校思政课教学质量提升中的特色建设、创新措施、典型做法、发展优势等方面内容。

问卷内容的编制依据：一是政策依据，以《新时代高校思想政治理论课教学工作基本要求》提出的思政课教学基本规定为问卷主要内容，在思政课教学水平方面参考了《新时代学校思想政治理论课改革创新实施方案》中的内容；二是问题导向依据，根据研究需要对西部高校思政课教学质量和水平的主要举措、关键影响因素、呈现出的主要特征、总体发展水平等内容进行调研，在问卷内容中旨在深入查找问题及原因。

三、问卷调研的对象与范围

问卷调研对象主要为思政课教师和学生两个思政课教学重要主体，其中，思政课教师中包含了少量从事思政工作和思政课教学的辅导员及宣传部、教务处、马院思政课教学的参与者和管理者；学生主要为在校本科生和专科生，个别院校研究生参与了问卷调研。

问卷调研范围主要为四川省、云南省、甘肃省、青海省和西藏自治区的高校，涵盖了“双一流”高校、民族院校、普通本科院校、专科院校和民办院校，各省区和高校间问卷数量不做统一要求，突出普遍性。

根据问卷内容和对象情况，问卷分为《西部高校思政课教学质量和水平问卷(教师版)》《西部高校思政课教学质量和水平问卷(学生版)》两种(见附录2、附录3),根据侧重点不同进行针对性调研。

四、问卷的信度与效度

关于问卷的信度,一是通过文献挖掘、网络大数据形式进行比较和印证;二是通过两版问卷间和问卷中不同问题的勾稽关系一致性等措施,确保问卷的信度。

关于问卷的效度,一是考虑到思政课教师所在省区和学校政策、措施、发展规划,以及对西部乃至全国高校思政课教学了解程度上的不一致性,重点对思政课教师中教研室主任、骨干教师、名师工作室教师、马院领导等进行问卷调研;二是学生问卷,由思政课教师发放,个别情况下对个别问题进行解释说明,涵盖了4个年级的学生,年级学生间的比例相对均衡。

在保证问卷信度与效度的同时,对思政课教师进行重点访谈,主要对研究中的思政课教学质量和水平定性认识与评价等重点问题、问卷统计分析中呈现出的矛盾性数据和问题等进行二次调研,对问卷结果进行验证与修正,确保实践调研的真实、客观、科学和有效。

第二节 问卷统计分析

问卷调研数据统计与分析如下。

一、教师问卷统计分析

《西部高校思政课教学质量和水平问卷(教师版)》共收回有效问卷704份,其中,四川省139份、云南省148份、甘肃省152份、青海省145份、西藏自治区120份;"双一流"高校84份、普通本科院校229份、民族院校61份、专科院校287份、民办本科和专科院校43份。

(1) 思政课学分落实情况。97.87%认为严格落实,2.13%认为未落实。总体而言,西部高校思政课学分得到了认真落实。个别民办院校学分存在受到挤压的情况，“形势与政策”、实践教学部分学分落实不严格。

(2) 各门思政课程开课衔接与标准是否一致。97.3%认为一致，2.7%认为不一致。问卷基础上访谈调研显示，西部高校因疫情、学生实习、人才培养方案调整等原因，个别思政课课程存在调整情况。这种情况较少，不具有普遍性，西部高校思政课开课衔接与标准仍保持了高度一致性。

(3) 授课时间。71.16%认为正常上课时间，24.29%认为正常上课时间但集中上课，3.41%认为晚上授课，1.14%认为存在周末授课情况。西部高校思政课授课时间主要安排在正常上课时间，但部分专科院校和个别本科院校存在相对集中授课的情况，特别是“形势与政策”课程。个别西部院校调课情况较为普遍，造成思政课程存在“集中”授课情况，影响了问卷结果。

(4) 授课规模。23.58%认为100人以上合班大课，39.35%认为100人以下的中班，37.07%认为40～50人左右小班授课。由于师资、教室教学条件等的影响，西部高校采取小班化教学难度较大，本科、专科班级大班和中班教学情况比较普遍。在校生规模在5000人以下的院校，采取小班授课的相对较多。

(5) 按思政课程分别设置教研室(组)。94.6%认为分别设置教研室(组)，5.4%认为没有按课程设置教研室(组)。从访谈情况看，本科院校特别是“双一流”高校基本上按照思政课程分别设置教研室(组)，即便没有严格设置，各思政课课程组也是相对独立地开展教学工作。专科院校受教师数量、学科建设、机构设置与管理水平等因素影响，按照课程设置教研室(组)的较少，部分学校仅名义上按照要求设置，但职能、工作等没有分开，有其名而无其实。

(6) 专职思政课教师比例(师生比不低于1∶350)。93.61%认为达到标准，6.39%认为未达到标准。西部高校近年来加大思政课教师引进与培养力度，思政课教师数量显著增加，全力达到思政课教师队伍建设标准。但由于西部地区人员编制、高校人事管理体制、人才工作经费保障、区位特点和工作环境等因素制约，思政课教师数量达标难度仍然较大。大部分西部高校专职思政课教师比例达到了要求，一些高校还存在专职思政课教师数量勉强达标，以兼职思政课教师为补充的情况。个别高校特别是专科和民办高校专职思政课教师比例尚未达到标准。

(7) 返聘教师、兼职思政课教师、特聘教授总数量。4.69%认为没有返聘教师、兼职思政课教师、特聘教授，57.39%认为数量有1～10人，37.92%认为数量在 10 人以上。结合访谈情况分析，西部高校思政课教师数量近年来有大幅度增长，专职数量教师虽有增长，但受编制、经费、渠道、待遇等因素影响，数量有限。返聘教师各高校间差别较大，部分学校几乎没有返聘思政课教师。兼职思政课教师数量增长较快，成为西部高校解决思政课教师数量短缺的重要渠道。特聘教授主要发挥客座教授职能，主要开展学术讲座、学科专业建设等工作，在常规化教学方面作用有限。

(8) 教师学术交流、实践研修专项经费保障落实。12.22%认为未落实，43.6%认为已落实但仍不充足，44.18%认为已落实且充足。西部高校思政课专项经费保障总体上较为充足，但受制于思政课建设、学科建设和教师队伍建设等多方面影响，学校间在经费支出和有效使用方面的差距较大，个别学校经费使用较为科学合理，个别学校没有有效使用，造成经费结余而被收回。但也存在个别学校名义上列出思政课专项经费，而使用程序较为烦琐，因各种理由被“收回”，实际保障经费不足。

(9) 统一实行集体备课。70.6%认为教研室(组)形成统一的参考教案，76.42%认为定期组织全员集体备课，58.95%认为与其他高校联合备课、网络备课，41.34%认为思政课教师兼职担任辅导员、班主任，针对性备课。借助全国思政课集体备课平台、各省教指委定期组织集体备课、高校间自主联合集体备课，西部高校在集体备课方面成效较为显著。

(10) 严肃课堂教学纪律，确保学生到课率。66.76%认为较高，29.97%认为一般，3.27%认为不够理想。从总体数据反映来看，西部高校思政课课堂教学纪律、课堂教学效果还需要进一步加强。

(11) 实践教学。63.63%认为覆盖面较广、绝大部分学生参加、内容丰富，29.55%认为覆盖面一般、重形式、效果一般，6.82%认为覆盖面小、学生参加人数还较少。在思政课实践教学方面，西部高校采取了多种措施、花了很大力气，在覆盖面方面成效较为显著。由于实践教学人力、财力、物力投入较大，个别高校采取了课堂实践、校内实践的形式，校外实践覆盖人数还较少。受疫情影响、维持投入难度大等原因，很多高校开始对思政课实践教学进行调整，课堂实践、校内实践渐成主流。

(12) 网络教学和信息化建设。65.48%认为建立了微信公众号、学习平台、资源库；74.43%认为信息化贯彻在课前、课堂、课后全过程；68.32%认为以传统课堂教学为主，网络教学为辅(疫情期间、专题思政大课堂等)；46.16%认为仅依托公众媒介(通讯会议、钉钉、QQ 群等)开展网络教学，学校信息化建设相对滞后；25.57％认为信息化建设相对滞后，停留在网站建设、信息发布层面，网络教学应用不充分。西部高校思政课教学信息化程度相对不足，还存在形式化、应急性信息化教学，常规化和基础层面的信息化教学仍显不足。

（13）教学中经常用的教学方法。案例式教学71.16％、探究式教学67.9％、体验式教学69.46％、互动式教学69.89％、专题式教学54.55％、分众式教学36.22％、传统课堂讲授方式为主37.5％。西部高校思政课教学中教学方法呈现出多样化，各种教学方法均得到不同程度上的应用。访谈调研中反映出，思政课教师在问卷中同其他教学方法比较，选择传统课堂讲授方式的相对较少，但认为案例式教学等方法都是融入、植入和嵌入到传统课题讲授中的，传统课堂讲授是基础。

（14）考试方式。74.15％选择闭卷统一考试；25.85％选择闭卷统一考试为主，结合开放式个性化考核。西部高校本科院校大部分学校能够实施相对开放的个性化考核，而专科院校、民办院校基本上采取闭卷统一考试的形式，实施个性化考核难度较大。

（15）闭卷统一考试集体命题，不断更新题库。96.02％选择是，3.98％选择否。西部高校思政课考试命题以集体命题为主，普遍采取在复习资料、试题库、习题集基础上进行每年调整更新的形式命题。

（16）各门课程均须先学后考，没有以考代学。97.16％选择是，2.84％选择否。总体上，符合先学后考要求，个别高校对研究生思政课学习管理较宽松，课堂教学比重低、要求低，主要以考试为最终要求。

（17）思政课成绩作为学生入党积极分子参加党校学习的参考。89.35％选择是，10.65％选择否。西部高校在入党积极分子培养中把思政课成绩作为重要参考，但个别高校缺乏与思政课成绩的有效衔接，思政课教学和思政教育合力需加强。

（18）本校思政课教师基本上形成了马克思主义理论一级学科所属相应二级学科的科学研究方向。90.06％认为是，9.94％认为否。本科院校思政课教师基本上形成了马克思主义理论一级学科所属相应二级学科的科学研究方向，专科学校思政课教师主要集中于思政课教学和教学中的具体问题研究，科研方向不够明确。同时，西部高校年轻教师（3～5年工龄，非博士学历）研究方向不明确，需要从学科层面加强科研培训。

（19）本校思政课教师将研究成果作为重要教学资源，有机融入课堂教学。94.74%选择是,5.26%选择否。该项调查问题教师个体间的差异度较大,有的教师认为思政课课堂教学主要是完成规定任务,很难有时间把研究内容融入课堂;有的老师认为研究成果成为教学资源,因课程内容差别较大,需要根据教师自身的把控能力而定。但访谈对象都认为,思政课教师的研究成果对教学有重要价值和参考,既提升了思政课教师的教学能力,又丰富了教学资源。

(20) 学校书记、校长,分管副校长每人每学期至少听1次课。91.34%选择是,8.66%选择否。马院及承担思政课教学部门机构的主要领导对所有授课教师做到听课全覆盖,92.05%选择是,7.95%选择否;省级教育部门每学年组织专家听课覆盖各门思政课,90.62%选择是,9.38%选择否。上述指标总体上反映出,在思政课教学听课方面符合教育部关于思政课教学的要求,但校外专家听课相对较少,教育厅多以思政课教学检查、调研,或上级领导到学校检查工作的形式对思政课进行听课,校外专家指导思政课教学的成效释放不足。

(21) 建立健全多元教学质量评价机制。教师自评75.85%、学生评价76.85%、同行评价68.61%、督导评价61.36%、社会评价48.72%;综合评价(包含上述几种方式)36.93%;学校一般性评价为主导,未形成专门化、针对性评价27.13%。西部高校多元教学质量评价机制指标点较为分散,评价机制最高占比为学生评价76.85%,而一般性评价高达27.13%,整体性综合评价仅占36.93%,反映出西部高校思政课教学评价系统性、整体性和科学性不强。同时,也反映出教师对思政课教学质量评价的认知与理解不深入,学校思政课教学质量导向不够突出,对思政课教学促进作用不显著。

(22) 思政课教师教学质量评价结果运用。76.14%认为运用在职务职称评聘,80.54%认为运用在绩效考核和津贴分配,52.27%认为运用在课堂教学退出机制,20.6%认为尚未有效运用。西部高校思政课教师教学质量评价结果运用不明确,20.6%认为尚未有效运用,对科学评价思政课教师、提高教学质量的重要"关口"缺乏有效管理。访谈调研中也反映出,教学质量评价结果无论是在职务职称评聘中运用,还是运用在绩效考核和津贴分配方面,与学校一般性考核评价无明显差异,仍属于一般性考评范畴。同时,在课堂退出机制上很多学校提出了要求,但在执行中受到思政课教学任务重、教师数量相对少等多种因素制约,难以有效执行。

(23) 落实高校主体责任。74.29%认为建立了思政课教学工作制度,

75.57%认为建立了健全思政课教学督导机制,72.73%认为建立了多部门协同配合的思政课教学管理体制,62.5%认为建立健全思政课教学管理制度体系,22.59%认为尚未建立专门化、转对性的思政课建设制度。西部高校思政课建设相关制度基本已经建立起来,但主要是单一的针对思政课而言的制度,更多的是马院内部建立的制度,学校层面的制度偏重于对思政课宏观层面的指导,制度的系统性较为欠缺。还有部分高校缺少学校层面制度,主要以教育主管部门和教育部的制度文件为主,缺少贯彻执行的专门制度。

(24) 本省区教育厅关于思政课建设主要举措。73.01%认为组建分课程的思政课教学指导委员会;69.6%认为建立教学热点难点定期搜集解答制度;66.76%认为总结经验,宣传推广先进典型;67.76%认为思政课教师和思政工作者专项表彰;57.53%认为组织开展教学竞赛;48.3%认为组织开展思政课教学研讨会;43.32%认为建设思政课精品课;33.66%认为开展专项研究课题;33.66%认为开展定期思政课教师培训。西部省区教育厅根据《高等学校马克思主义学院建设标准(2017年本)》《普通高等学校马克思主义学院建设标准(2019年本)》《新时代高校思想政治理论课教学工作基本要求》《新时代学校思想政治理论课改革创新实施方案》等文件要求,开展了推动思政课程建设的系列举措,这些措施都在教育部规定范围之内,基本上属于"达标"的要求。其中,教学研讨会、精品课、专项课题、教师培训等各省实施的力度不一,持续的时间范围也不一致,反映在问卷上也有所差别,但西部各省的政策举措是较为全面的,只是落实到各高校间有一定差异。

(25) 您对您所在学校思政课教学质量和水平的总体评价是。4.97%认为未达标(未全面深入高质量贯彻国家关于思政课建设政策,与教育部思政课教学质量和水平要求尚有差距);70.31%认为达标(有效贯彻国家关于思政课建设政策,达到教育部思政课教学质量和水平要求);24.72%认为进入高质量发展阶段(思政课改革创新,具有鲜明特色,在省内或全国形成了一定的发展潜力和优势)。

您对西部高校思政课教学质量和水平的评价。3.98%认为未达标(未全面深入高质量贯彻国家关于思政课建设政策,与教育部思政课教学质量和水平要求尚有差距);71.02%认为达标(有效贯彻国家关于思政课建设政策,达到教育部思政课教学质量和水平要求);25%认为进入高质量发展阶段(思政课改革创新举措有力,具有鲜明特色和优势)。

上述两个指标性问题的结果基本趋同,反映了西部高校个体和整体发展情况基本一致，总体上都达到了要求，“双一流”高校和部分本科院校（特别是专业优势较为突出的高校）形成了鲜明特色和优势，进入了高质量发展阶段。个别专科院校特别是民办院校与基本要求尚有差距，西部高校思政课教学质量不平衡性体现明显。

（26）基于您的认识，西部高校思政课教学质量和水平关键影响因素有哪些。国家政策执行度 68.75%，省区配套政策与支持 72.59%，校级层面资金统筹与保障 74.01%，马院建设 61.93%，马学科建设 50.43%，教师结构（数量、职称、学历、年龄）与能力 40.2%，学生差异化特征（少数民族学生比例、语言理解、文化背景等）36.65%，课堂教学方式 36.08%，实践教学 36.22%，考试形式 25.71%，信息化建设 31.82%，质量评价体系 26.85%。调研结果揭示，校级层面资金统筹与保障、省区配套政策与支持、国家政策执行度、马院建设、马学科建设等 5 个主要因素占比较高，一定程度上反映了西部高校思政课教学质量较为关键的影响因素，对深入研究有重要启示意义。同时，也反映出西部高校思政课教学质量提升的宏观层面、顶层设计方面较为重要，教师和访谈对象对微观层面关注度相对较低，微观层面影响因素处于相对次要地位。

（27）西部高校思政课教学质量和水平提升中的特征。国家政策是质量和水平提升的主要动因 62.22%；以国家政策为标准，以达到国家要求为主要目标 75.57%；自主发展、特色化发展能力显著提升 71.73%；特殊性明显，制约因素较多，质量提升不显著 57.24%；从历史发展看，有较大提升 50.71%；本省区内高校间存在不平衡现象 31.25%；西部高校思政课教学特殊性较强（资金投入、师资水平、发展理念、民族与宗教等因素）48.25%；西部各省区间存在不平衡现象 22.02%；西部高校与东部高校存在一定差距 50.7%。调研对象对问卷所列出的西部高校思政课教学质量和水平提升的主要特征认可度较高，但也存在差异。访谈显示，青海、西藏教师对本省区内高校间存在不平衡现象、西部高校思政课教学特殊性较强、西部各省区间存在不平衡现象、西部高校与东部高校存在一定差距等特征认同度较高。甘肃、四川、云南高校认为与东部高校总体上有差距，但省区内“双一流”高校与东部“双一流”高校、全国“双一流”高校处于同等水平，而本专科院校间的差异是人才培养定位和教学差异的“必然”。

二、学生问卷统计分析

《西部高校思政课教学质量和水平问卷(学生版)》共收回有效问卷1183份,其中,汉族学生问卷559份,少数民族学生问卷624份。四川省219份、云南省180份、甘肃省180份、青海省170份、西藏自治区434份;“双一流”高校60份、普通本科院校356份、民族院校70份、专科院校682份、民办本科或专科院校15份。

(1) 思政课学分落实情况。严格落实95.94%,未落实到位4.06%。

(2) 各门思政课程开课衔接与标准是否一致。一致96.28%,不一致3.72%。

(3) 授课时间。正常上课时间78.61%,正常上课时间但集中上课13.78%,晚上6.26%,周末1.35%。

(4) 授课规模。100人以上合班大课14.29%,100人以下的中班38.96%,40～50人左右的小班46.75%。

(5) 课堂到课率。到课率较高70.16%,一般28.15%,不够理想1.69%。

(6) 实践教学。覆盖面较广、绝大部分学生参加、内容丰富66.52%,覆盖面一般、重形式、效果一般30.01%,覆盖面小、学生参加人数还较少3.47%。

(7) 网络教学和信息化建设。建立了微信公众号、学习平台、资源库64.58%;信息化贯彻在课前、课堂、课后全过程63.4%;网络教学常态化50.72%;传统教学为主、网络教学为辅61.71%;开展网络教学,但信息化建设亟待加强37.62%;有信息化建设,但使用效率低24.26%。

(8) 教学中经常接触到的教学方法。案例式教学68.81%,探究式教学62.81%,体验式教学52.49%,互动式教学73.8%,专题式教学56.72%,分众式教学27.4%。

(9) 考试方式。闭卷统一考试66.02%;闭卷统一考试为主,结合开放式个性化考核33.98%。

(10) 各门课程均须先学后考,没有以考代学。是92.56%,否7.44%。

(11) 思政课成绩作为学生入党积极分子参加党校学习或培养的参考。是87.15%,否12.85%。

学生问卷中的问题1至问题11在教师问卷中重复出现,主要是对教师和学生问卷数据进行对比。总体上看,在关于思政课教学建设和管理基础层面，教师和学生的认知与评价相对较为一致，总体上反映出西部高校思政课教学质量和水平提升的基本情况。

（12）领导、老师等进入课堂听课情况。经常 38.8％，一般 39.31％，偶尔 21.89％。结合访谈情况分析，在 2017—2020 年期间，领导、教师等进入思政课教学课堂听课较多；排除疫情影响，2020 年至今领导、教师等听课次数相对减少。

（13）参加评教情况。每门课都参加过 52.16％，参加过 1～2 次 33.39％，没参加过 14.45％。学生评教方面，西部高校与东部高校差距较大，访谈中反映出西部高校学生评教思政课用途有限，仅作为教师评比或改进教学反馈的用途，没有使用到思政课教师绩效、跟岗培训、退出思政课教学等方面。同时，西部部分学校特别是专科院校中，尚未全面开展学生评教，思政课学生评教情况更差。

（14）参加思政课程建设情况（如帮助收集整理教学资源、维护微信公众号或发布网站信息等）。经常参加 42.18％，参加过 39.48％，没参加过 18.34％。本科院校中学生参加思政课教师组织开展的思政课程建设、思政课题研究情况较多，专科院校学生参加思政课程建设极少。专科院校思政课程建设主体是思政课教师，有学生参与教师个人的思政课项目情况，与思政课程建设有较大的差别。

（15）思政课教学的满意度。较高（能够启迪和促进思想进步、有利于今后发展）41.76％；高（教学有特色、有吸引力，学习中有收获）32.88％；一般（较好地完成教学任务，学习中有收获）22.99％；不满意（仅仅完成教学任务，吸引力不强，学习中收效甚微）2.37％。结合访谈情况分析，本科院校和规模较小、以小班制授课为主的专科院校学生对思政课教学的满意度相对较高，大部分专科院校、民办院校和部分本科院校学生对思政课的满意度虽然总体上在上升，但对思政课教学的满意度仍相对偏低。

（16）思政课教学满意度和质量提升的关键影响因素有哪些。教师能力与水平（专业素养、教学能力、授课风格、人格特征等）76.58％，课堂教学方式（案例式教学、探究式教学、体验式教学、互动式教学、专题式教学、分众式教学）73.37％，实践教学 59.59％，考试形式 40.66％，信息化建设 35.67％，课后辅导咨询（学习内容、社会热点、学习或人生困惑等答疑、咨询与讨论等）38.21％。学生主体导向教学（学生广泛参与，针对不同学生群体如少数民族学生的教学等）34.32％，少数民族学生倾向于此因素。从问卷数据看，教师教学能力、课堂教学方式对学生思政课学习有较大影响，实践教学次之，反映出课堂教学是学生学习思政课内容最主要的渠道，占据了学生较多的时间。而对课堂之外的思政课教学内容学生兴趣依旧较低，所用时间较少，更多的是规定性要求使学生在课余时间进行学习。也反映出西部高校学生学习思政课的积极性、主动性不足，“被动”特征明显。

(17) 您对所在学校思政课教学质量和水平的总体评价。未达标(未全面深入高质量贯彻国家关于思政课建设政策，与教育部思政课教学质量和水平要求尚有差距，学生满意度一般)10.14%；达标(有效贯彻国家关于思政课建设政策，达到教育部思政课教学质量和水平要求，学生满意度高)66.53%；进入高质量发展阶段(思政课改革创新，具有鲜明特色，在省内形成了一定的发展潜力和优势，学生满意度较高)23.33%。该数据与教师问卷第25题的数据差异度较大，主要在“未达标”项，教师问卷数据为4.97%，学生问卷数据为10.14%；“达标”项，教师问卷数据为70.31%，学生问卷数据为66.53%。说明在对本校思政课教学质量和水平的评价上，教师和学生的认知与评价存在一定程度上的不对称，两者的出发点、评价视角、评价尺度与标准有较大差异，对此进行访谈调研，对该问题进行再次论证分析。“进入高质量发展阶段”选项上，教师问卷数据为24.72%，学生问卷数据为23.33%，两项数据基本一致，一方面说明总体上学生问卷、教师问卷调研的有效性较高，有很高的可信度；另一方面也说明了部分教师、学生对本校思政课教学质量评价高度一致。

第三节　访谈

访谈主要是对问卷中的问题进行对比重证，对问卷中重点问题进行深入挖掘，以查找问题原因。一是基本问题访谈与问卷基本问题进行印证和解释；二是通过学生问卷和教师问卷数据对比，对数据不一致或差值较大的问题或选项进行访谈；三是对重点问题进行访谈。

一、基本问题访谈

学生问卷中的问题1至问题11；教师问卷中的问题1至问题4、问题10至问题14、问题16至问题17，共11个问题。主要调研西部高校思政课教学基本情况，即对思政课教学政策与规定的执行情况，与问题“您对所在学校思政课教学质量和水平的总体评价”相对应。访谈对11个问题进行了有效解释说明，每项问题中的各选项原因较为明确，且教师、学生对11个问题的总体评价也较为一致。问卷结合访谈，调研的信度与效度较高。

二、数据差值较大问题访谈

学生问卷中“思政课教学的满意度”问题，问卷数据较高41.76%，高32.88%，一般22.99%，不满意2.37%。从“一般”以上数据看，思政课教学达到了合格与达到标准。与学生问卷中“您对所在学校思政课教学质量和水平的总体评价”问题，问卷数据有一定的差异，“未达标”10.14%，“达标”66.53%。针对该问题进行访谈揭示，一是学生主要是基于自身思政课学习需求和自己在思政课学习中体会与感受的具体情况，评价思政课教学满意度和达标度的，个体化感受较为突出。二是“未达标”占比10.14%，与“满意度”问题中的数据差距较大，访谈中发现影响该数据的因素有3个：其一，学生仅立足自身感受来评价学校思政课教学，主观性较强；其二，问卷中学生期望通过对在各类调研和评教中，学校思政课教学评价赋低分的形式，引起学校对思政课教学的重视，进而提高思政课教学质量；其三，专科院校和民办院校中的学生对学校思政课的教学满意度较低，认为学校思政课教学没有达到个人的学习期望和宣传中及政策文件中的效果，认为“未达标”。

学生问卷中与教师问卷中“您对所在学校思政课教学质量和水平的总体评价”问题，问卷数据有一定的差异，“未达标”教师问卷数据为4.97%，学生问卷数据为10.14%；“达标”教师问卷数据为70.31%，学生问卷数据为66.53%；“进入高质量发展阶段”教师问卷数据为24.72%，学生问卷数据为23.33%。从数据分析看，学生与教师对本校思政课教学质量和水平“未达标”评价有较大差距，访谈揭示出学生与教师存在思政课建设信息不对称的情况，由于学生参与度仅在课堂教学环节，参与思政课建设较少，忽视甚至未看到思政课教学的整体和完整环节，因而教师和学生对本校思政课教学质量和水平的评价差异较大。此外，问卷中教师基于对自身工作的肯定进行评价，学生多基于对学校和教师的“否定”、以自我为中心、是否满足自身需要进行评价，也是造成数据差值较大的原因之一。“达标”和“进入高质量发展阶段”数据较为接近，评价基本趋同。

三、重点问题访谈

（一）西部高校思政课教学质量和水平关键影响因素分析

教师问卷中"西部高校思政课教学质量和水平关键影响因素有哪些"，仅从数值上看，国家政策执行度（68.75%）、省区配套政策与支持（72.59%）、校级层面资金统筹与保障（74.01%）、马院建设（61.93%）、马学科建设（50.43%）等5个影响因素排在前列，数值超过50%，而其他影响因素均在50%以下。学生问卷中"思政课教学满意度和质量提升的关键影响因素有哪些"，对照教师问卷分析，教师能力与水平（专业素养、教学能力、授课风格、人格特征等）（76.58%）、课堂教学方式（案例式教学、探究式教学、体验式教学、互动式教学、专题式教学、分众式教学）（73.37%）、实践教学（59.59%）等影响因素排在前列，超过了50%。两个问题旨在揭示西部高校思政课教学质量和水平的关键影响因素，二者能够进行补充和印证。

访谈揭示，教师、学生和学校及教育部门管理者关注的层面、方向与关键点有一定差异，教师对宏观层面关注多、学校及教育部门管理者对微观层面关注多，学生对自我需求满足关注多，造成了关键影响因素的认同度存在差异，有的影响因素数值大，有的则数值较小。同时，由于问卷对各影响因素排列的先后顺序的差别，也在一定程度上对影响因素数值产生了影响。除上述影响因素外，教师结构（数量、职称、学历、年龄）与能力（40.2%）、学生差异化特征（少数民族学生比例、语言理解、文化背景等）（36.65%）两个影响因素在访谈中被教师、管理者和学生更多提及，这两个思政课教学主体呈现较强的特殊性，在两者相互作用的过程中制约着其他影响因素发挥作用。结合问卷与访谈情况，凝练出政策（国家及省区政策）、学校措施、马院与学科建设、教师队伍、学生特征、教学方式（课堂教学与实践教学）等6个关键影响因素。

（二）西部高校思政课教学质量和水平提升中的特征

教师问卷中所列举的9个选项，是在文献挖掘结合专家咨询基础上列举出来的，总体上反映了西部高校思政课教学质量和水平提升的整体特征。问卷调研中，国家政策是质量和水平提升主要动因（62.22%）；以国家政策为标准，以达到国家要求为主要目标（75.57%）；自主发展、特色化发展能力显著提升(71.73%);特殊性明显,制约因素较多,质量提升不显著(57.24%);从历史发展看,有较大提升(50.71%),问卷所列前5个选项排在前列,数值超过50%。对该问题进行访谈揭示,政策是西部高校思政课教学质量和水平提升的最主要动因,在国家政策推动下西部高校思政课教学质量和水平有了较大提升,自主发展、特色建设、整体实力都显著提高。

除了历史发展纵向比较有较大提升外,横向比较而言,西部高校思政课教学质量和水平与东部高校差距显著缩小,但仍有差距,呈现出梯队化特点,东部高校处于创新发展阶段,而西部高校主要处于以政策为标准、达到目标要求的阶段。此外,调研还反映了西部高校思政课教师对西部高校思政课教学特殊性较强(资金投入、师资水平、发展理念、民族与宗教等因素)(48.25%)关注较多,虽然数值尚未达到百分之五十,却也反映了西部高校思政课教学的特殊性所在。文献挖掘和描述性分析也反映了西部高校更注重从自身思政课教学特殊性、区域的特殊性提升教学质量和水平,基于特殊性开展特色建设,成为西部高校思政课教学质量和水平提升中的重要特征。

第四节　西部高校思政课教学质量和水平提升现状

文献挖掘、描述性分析和实践调研从不同视角反映了西部高校思政课教学质量和水平提升的现状,对现状的反映既有一致性,也有差别性、矛盾性,甚至是冲突、对立。基于文献挖掘、描述性分析和实践调研三方面研究的基础上,抽取对现状一致性认识的内容和观点,对西部高校思政课教学质量和水平现状研究总结如下。

一、总体情况

在国家全面加强思政课建设的有力推动下,西部省区党委政府及教育主管部门、高校高度重视思政课建设,多主体、多层面、多举措全面推动思政课改革、创新和发展,西部高校思政课进入了最好的历史发展阶段。西部高校思政课建设由原来的“洼地”和“短板”成为特色和亮点,思政课教学质量和水平不断提升。

西部高校思政课教学质量和水平的提升，与国家关于思政课建设的政策紧密相关。十八大以来，推动思政课建设的政策文件相继出台，针对思政课建设从顶层设计、发展举措、具体措施等构建了系统的制度和政策体系，为思政课教学质量提升提供了坚实的制度和政策保障。研究重点对西部高校贯彻落实思政课建设政策情况进行了调研，特别是西部高校对《高等学校马克思主义学院建设标准(2017 年本)》《普通高等学校马克思主义学院建设标准(2019 年本)》《新时代思想政治理论课教学工作基本要求》《关于深化新时代学校思想政治理论课改革创新的若干意见》《高等学校课程思政建设指导纲要》《新时代学校思想政治理论课改革创新实施方案》等文件政策的贯彻执行情况。一是西部省区党委政府和教育厅根据中央和国家的文件政策要求，根据本省区实际制定了配套政策，实施了具体的举措，确保了政策的落地和执行效力；二是西部高校积极贯彻落实省区及教育部政策，对照国家政策要求加强思政课教学，确保了思政课教学质量的不断提升；三是西部高校思政课教学质量和水平提升的主要动因是政策因素，国家提供的倾斜性政策资源，从项目、资金、师资培训、理念更新等方面为西部高校思政课教学注入了发展动力，极大推动了思政课的发展建设。

在政策执行过程中，西部省区在国家资源投入的基础上加大了资源配备，总体上满足了西部高校思政课教学质量和水平提升的需要。但西部高校和东部高校相比，在获取全国竞争性资源上仍处于弱势，即便在教育部政策和项目倾斜的情况下，西部高校思政课建设方面立项的项目数量依然偏少。同时，西部高校之间对政策的执行和自身资源的配备也存在较大差异，西部地区的“双一流”高校在有效贯彻思政课建设政策的基础上，积极推动思政课教学改革创新，进入高质量发展阶段，与东部“双一流”高校共同引领思政课教学发展创新。西部大部分本科院校和部分专科院校积极提升思政课教学质量和水平，立足区域和自身优势，推动改革创新和特色发展，形成了一定的发展特色和优势。西部少部分本科院校、专科院校和民办院校，由于在思政课建设方面基础薄弱，自身资源有限，无法发挥出后发优势，在贯彻思政课教学质量提升的政策中存在“选择性”执行政策的现象，在自身力所能及的范围内结合自身特点执行政策，以“达标”为要求。总体而言，西部高校思政课教学质量和水平进入了从增量到提质的发展阶段，在量的积累基础上积极推进改革创新。同时，也面临着部分高校亟待高质量“达标”的问题，需要针对西部高校的特殊性，推动思政课改革创新，建特殊为特色，在本省内部、西部和东部区域间形成差异化、特色化发展。

二、具体表现

为客观、充分地揭示西部高校思政课教学质量和水平提升的现状，根据文献挖掘、描述性分析和实践调研情况，从政策与措施、规范化建设、教师队伍、学生满意度、教学方法、实践教学、信息化建设、协同育人等方面揭示西部高校思政课教学质量提升的现状；从横纵向对比、特色化发展、改革创新、发展能力与优势等方面揭示西部高校思政课教学水平提升的现状。

（一）西部高校思政课教学质量提升的现状

西部高校思政课教学质量提升受到学校、教师、学生、家长和社会的普遍关注，呈现出重视程度高、投入力度大、提升成效明显等特点，主要体现在以下几个方面。

1. 政策与措施

西部省区依据国家政策制定本省区政策的同时，普遍实施了成立思政课教学指导和研究委员会及分指委、领导听并讲思政课、设立思政教育专项课题、增加教师队伍数量和加强培训、专项经费保障、课程建设、集体备课与教学及理论研讨会等措施，不同省份思政课教学质量提升举措基本趋同。西部高校层面的政策措施更多地体现了本校特点，本科院校的政策措施较为全面，彰显地区和学校特色。专科院校更多地实施可行性强、取得成效快、解决自身短板和问题的措施；专科院校更注重立竿见影的质量提升，夯实基础层面略显不足。

2. 规范化与标准化

西部高校思政课教学规范化不断增强，在学分落实、开课衔接、授课时间、考试方式、评课评教等方面，学校和院校层面制度建设进一步完善，开展教学活动、执行教学纪律越来越严格，常规化、规范化管理确保了思政课教学质量的提高。西部高校按照教育部要求，在教研室设置、教师比例、集体备课、经费使用、信息化建设、教学方法、马院与学科建设等方面向政策要求看齐，思政课教学的标准化程度切实提高，高校间思政课教学管理、开展和质量提升标准相对统一，既有可比性又有特色性和竞争性。个别西部高校在达标方面还存在挤压课时、集中上课、兼职教师偏多、马院和学科建设滞后、评价机制尚未有效建立等问题。总体而言，西部高校思政课教学的规范化和标准化建设仍需夯实和进一步加强。

3. 教师队伍

西部高校思政课教师队伍变化最为迅速和显著。一是思政课教师数量迅速增加，专职教师数量长足增长，除部分民办、专科院校和极个别本科院校外，思政课专职教师数量较好达到了师生比不低于 1∶350 的比例设置要求。二是思政课教师全员分课程、分角色、分层次参加了国家和省区各级各类培训，广泛参加教学比赛、教学研讨、听评课、集体备课等教学教研活动，思政课教师能力素质得到持续提高。三是西部高校思政课教师中青年教师占比较高，骨干教师、教学能手、专家型教师等较少，处于能够满足教学基本需求、难以满足思政课改革创新需要的现状，拔尖和领军人物培育力度还远远不足。

4. 学生满意度

西部高校学生对思政课教学满意度呈现出逐年上升的趋势，一方面，学生对思政课教学的内容、形式、效果持续提高给予了肯定，对思政课教师教学成效赞同度越来越高，学有所获、学有所悟的思政课获得感显著增强；另一方面，学生以自我为中心、个性化需求特征越来越明显，基于自我视角的思政课教学评价往往较低，思政课供给侧改革突出了学生整体需求的满足，分众式、精准化思政课教学难度较大。西部高校学生到课率、抬头率、点头率呈现出普遍提高趋势，但结合学校学生的实际情况，针对需求侧的引导、精准供给还需加强。

5. 教学方法

通过教学竞赛、集体备课、名师评选、课程建设等途径，西部高校思政课在教学方法上有较大改进，案例式教学、互动式教学、体验式教学、探究式教学等成为较为普遍的教学形式。但受制于授课规模、教师自身、信息化等影响，教学方法的创新在西部高校间呈现不平衡现象，实施中小班额思政课教学的班级和高校，教学方法的创新力度和成效较为显著。大班额授课、50 岁以上教师、信息化相对滞后的学校，思政课教学方法创新力度较为有限，仍以传统的理论讲授为主导。

6. 实践教学

在实践教学方面，西部高校特色较为突出，充分结合和运用西部地区的红色资源，有效推进了思政课实践教学，深受学生喜爱。一方面，西部高校思政课实践教学与红色文化传承和弘扬相结合，深入挖掘地方特有的资源，同时借助思政课建设的政策、资金和项目优势，有力推动了思政课实践教学的发展；另一方面，西部高校学生特别是少数民族学生更偏好于实践教学鲜活的形式，学生积极性、主动性较高，实践教学效果较好。同时，西部高校思政课实践教学也存在一些困难，资金保障、覆盖面、校外实践、与理论教学的衔接等方面仍面临挑战，常态化实践教学难度较大。

7. 信息化建设

疫情影响之下，倒逼西部高校思政课教学信息化建设步伐加快，近年来思政课教学信息发展相对较好，呈现出几个方面的特点。一是思政课教学信息化受到越来越多的重视，信息化资金投入逐渐增加；二是学生网络原住民的特点，让思政课教师更多地从网络方向寻求思政课教学实效提升之法，成为提高思政课教学质量的必然选项；三是受资金投入、技术水平等限制，西部高校思政课教学信息化更多偏重于公共教学资源和媒介，如钉钉、雨课堂、腾讯会议、QQ 直播等成为普遍性选择；四是西部高校自主研发的思政课信息化资源较为有限，更多使用全国性资源，自主化、原创性教学与学习资源稀少。总体而言，西部高校思政课教学信息化仍处于购买使用、借鉴模仿的阶段，自主建设、创新研发能力较弱。

8. 协同育人

西部高校思政课教学在协同育人方面的渠道主要有：一是通过兼职思政课教师队伍建设，把校内外党政干部、专家学者、劳动模范、老红军等整合到思政课教师队伍中来；二是通过实践教学基地建设，与爱国主义教育基地、博物馆、纪念馆等合作扩展思政课教学课堂，构建思政课教学与育人的大课堂；三是通过东部高校对口支援、马院共建、特聘思政课教授等形式引入东部优质思政课教学资源。西部高校以思政课教学为推动的协同育人工作初步搭建了框架，工作内容和范围在进一步深化之中，育人实效正在逐渐释放。

（二）西部高校思政课教学水平提升的现状

西部高校思政课教学水平提升的现状主要体现在两个方面：一是历史发展的纵向维度上，西部高校思政课教学经历了由被忽视、弱化到受到高度重视、不断强化建设的转变，由被动满足教学任务到主动提升教学质量的转变，思政课教学水平大幅度提升；二是东西部高校对比的横向维度上，西部高校思政课教学水平与东部高校仍有较大差距，东部高校思政课教学进入了高质量发展阶段，而西部高校思政课教学面临着夯实基础强化标准和规范、提升质量和水平的双重任务，思政课教学整体水平处于全国平均线，个别学校还处于平均线之下。

1. 特色发展

在国家的有力支持和特殊倾斜之下，西部高校针对西部区域特点，结合自身实际加强思政课教学建设。在区域红色文化和经济社会发展融入思政课教学、思政课教学项目区域化校本化研究、针对西部生源特征的精准化教学设计等方面，呈现出鲜明的发展特色。西部高校思政课教学特色发展，一方面，在于“消化”和落实国家政策要求，同时借鉴东部高校思政课教学的经验，逐渐形成自主发展能力；另一方面，西部高校思政课教学改革创新能力不足，在与全国和东部高校的竞争中，缺乏优势，只能另辟蹊径，寻求特色。许多西部高校过于注重思政课教学的特色，在一定程度上忽视了思政课教学一致性、同质化的要求，必须坚守本源，在奠定坚实基础上才能“特色”发展。

2. 改革创新

西部高校除“双一流”高校外，思政课教学改革创新较为欠缺。一是西部高校思政课教学尚处于规范化和标准化阶段，在基础尚未扎实奠定的情况下，难以开启改革创新的新任务、新阶段。二是西部高校在自身积累、学校和省区支撑力度较东部地区有限的前提下，改革创新难度大。三是西部高校开展的思政课教学的改革创新，主要是结合区域和学校实际的贯彻落实性质的具体化举措，在本质上尚未构成创新。四是西部高校思政课教学在理论和实践上的广度与深度有限，缺乏根本意义上的重要创新。

3. 发展能力

从西部高校思政课教学发展的情况看，在马院建设、学科建设、师资队伍、教学模式、特色与优势等方面，西部高校总体上处于达到国家要求的水平，大部分学校在上述方面的基础尚不牢固，需要长期建设才能有效夯实基础。与东部高校相比，在上述方面差距较为明显，西部高校思政课教学的发展能力较弱。东部高校思政课教学高质量发展的"溢出效应"及带动整体发展的情况尚未改变，西部高校思政课教学水平的发展能力亟待提升。

西部高校思政课教学质量和水平处于高速提升时期，存在补齐短板、夯实基础和推动改革创新、实现高质量发展的多重任务，提升的难度依然较大。虽然，西部高校思政课教学质量和水平有了较大提升，但与东部高校相比依然差距明显，需要有效加强西部高校思政课建设，实现思政课教学均衡发展，实现思政课全国一盘棋高质量发展格局。

第五章

问题研究

深入分析西部高校思政课教学现状，党和国家关于思政课建设的指示精神、政策要求和具体举措得到了有力贯彻，西部高校思政课教学质量明显提高，落实立德树人根本任务能力和水平显著提高，人才培养质量和办学水平显著提升。从实践调研结果分析，西部高校思政课教学质量和水平在整体提升的过程中，也存在诸多不足和问题，原因较多。需要深入分析、精准施策，才能持续提升西部高校思政课教学质量和水平。

第一节　主要成效

从历史纵向维度分析，西部高校思政课教学质量和水平大幅度提升。党的十八大以来，西部高校思政课建设进入快速发展时期，思政课建设各个方面全面加强，有效提升了教学质量和水平。

一、思政课建设受到高度重视

党的十八大以来，思政课受重视程度不断提升，特别是学校思想政治理论课教师座谈会的召开，思政课作为落实立德树人根本任务的关键课程被日益高度重视，思政课教学质量和水平的提升成为思政课建设的重点。西部高校思政课建设的不断强化，教学质量和水平的不断提升，关键在于各级党委政府和学校的高度重视，这也是西部高校思政课教学质量和水平提升中最为显著的变化之一。

一是列入省区党委议事内容。西部省区党委高度重视高校思政课建设，按照党中央要求把高校思政课作为党委重要议事内容，定期研究部署，了解高校思政课建设情况。省委政府主要领导到高校调研思政课建设情况，多层面召开思政课教师及教学座谈会，走进课堂讲思政课，对思政课的重视程度空前提高。西部高校思政课建设成为全省教育事业发展的重点工作，成为省委工作的重要内容，形成了各级党委政府和社会各界重视思政课建设、支持思政课发展的良好氛围。

二是学校层面统筹规划。西部高校按照要求，定期召开专题会议研究思政课建设，解决思政课建设中的问题，从全校学科建设、专业发展、教学质量提高层面进行规划，以学校资源统筹推动马院建设、思政课教师队伍和思政课建设。思政课教学受到高度重视，学校领导及宣传部、教务处和马院领导及省教指委等各方面专家深入思政课教学课堂听课指导，为思政课教学质量的不断提升提供了有效支撑。

三是边缘化、弱化状况明显改变。西部高校思政课原来被边缘化、被弱化，学校不重视，学生和其他教师不重视，思政课教师也轻视等情况发生了根本改变。随着思政课被高度重视，思政课成为高校“第一课”，成为立德树人的“关键课程”。思政课教学成为学校教学工作的重点内容，各级各类、形式多样的思政课教学比赛、展示、研讨广泛开展，思政课逐渐成为“金课”，其关键作用充分彰显。

四是师生对思政课重视程度空前提高。学校思想政治理论课教师座谈会召开后，思政课教师和广大学生对思政课的认识进一步深化，对思政课的重视程度不断提高。思政课教师认识到了作为思政课教师责任重大、使命光荣，肩负教书育人、立德树人的责任感、使命感和自觉性显著增强，对思政课、对思政课教师身份的重视，由高度认同到内化、自觉、荣誉和使命。学生充分认识到了思政课在成长成才中的核心作用、引领作用，在思想进步、政治素质提高、思维启迪、解决思想困惑、了解与走进社会等方面形成了依靠、信任和信赖思政课和思政课教师的主动和自觉。

二、思政课教学政策贯彻落实有力

实践调研反映出，教育部《新时代高校思想政治理论课教学工作基本要求》，中共中央办公厅、国务院办公厅《关于深化新时代学校思想政治理论课改革创新的若干意见》，中宣部、教育部《新时代学校思想政治理论课改革创新实施方案》，教育部办公厅《关于在思政课中加强以党史教育为重点的"四史"教育的通知》等政策，在西部高校思政课教学中得到有力贯彻和落实。

西部省区根据党中央、国家的政策制定了本省贯彻意见和落实措施，从项目、资金上给予配套支持。西部省区教育厅结合本省高校思政课教学现状和实际制定了细化的措施，确保思政课教学规定和要求有效落实。西部高校对照国家关于思政课教学的要求进行思政课建设、开展思政课教学，针对省区层面政策强化执行力度和保障措施，确保思政课教学的最新要求得到贯彻落实。实践调研反映出，思政课教师对教育部思政课教学相关政策知晓度较高，在教学中能够按照政策要求开展教学，有效保障思政课教学质量的提高和思政课改革创新的不断推进。

三、思政课教学标准化和规范性显著增强

西部高校思政课教学质量和水平提升的又一重要标志是思政课教学的标准化和规范性显著增强，改变了思政课教学中的学分落实不到位、教师队伍不专业、教学内容不规范、教学讲授随意性强等问题，在一条标准线上推动思政课教学。

一是在落实学分、安排教学、建设教研室、集体备课、课堂教学纪律、运用教学方法、完善考核方式、加强科研、健全听课指导制度、评价教学质量等方面，严格按照政策文件要求落实，与全国高校在一条标准线上开展思政课教学，"标准化"程度显著提高。西部高校对标对表执行思政课教学要求，标准化思政课教学质量显著提升，夯实了思政课教学发展的基础。

二是思政课教学中的纪律要求明确提出，思政课课堂讲授纪律得以严格执行，思政课教师的纪律意识明显提高。天马行空、信马由缰，甚至反党反马的言论，在思政课堂上根本杜绝。思政课教学研究中，坚持马克思主义立场、观点和方法成为必然，传播党的创新理论成为核心。教学和研究的规范性显著增强，真正做到了"在马言马""在马信马"。

四、物资资源建设成效显著

西部高校在思政课物资资源和硬件方面的建设成效显著,从校内学科建设比较而言硬件水平显著提升,与东部高校相比物资资源差距显著缩小,思政课教学质量和水平提升的基础面更为坚实。

1. 组织机构完善

在组织机构建设方面最为显著的变化是西部高校马克思主义学院的建设,本科院校基本上都建立了马院,部分专科院校也建立了马院,为思政课教学提供了坚实的组织基础和保障。分课程教研室的设立,让思政课教学的专业化更为突出,实现了思政课教学由完成教学任务量为主,向高、精、尖为特征的提升教学质量为主的转变。思政课教研室成为思政课教学高质量开展和发展的基础"点",西部高校思政课教学工作得到了有效保障,高质量发展成为可能和必然。部分西部高校建立了思政课教学教研指导委员会、思政课建设发展规划委员会、思政课教师职称评审委员会等机构,从多方面推动了思政课教学质量的提升。

在西部省区级层面,各省区普遍性建立了高校思政课建设领导小组、思政课教学指导委员会,个别省份还建立了思政教师培训中心、思政课教学研究会、思政课集体备课联盟等组织,从全省层面推进思政课建设,为思政课教学质量和水平提升提供了发展基础和支撑。

2. 课程资源丰富

西部高校在思政课课程资源建设方面较为突出。全国公开性思政课课程资源是西部高校思政课教学的首选和主要教学资源。借助国家对西部高校思政课的支持政策与项目,结合本省和本校的支持与扶持,西部高校开发了一批教学资源,特别是教学课件、音视频教辅和学习资料、专题教学与案例教学库、优秀教学示范案例材料、学生自主学习复习资料与题库、线上教学系列资料等,这些资料重点融合了全国思政课教学典型材料,有较强的针对性。同时,在教育部对口支援、支持西部高校马院建设、东西部高校马院共建的推动下,西部高校特别是本科院校与东部支援高校和共建高校实现了思政课教学资源的共享,极大地丰富了思政课教学资源。

3. 教学平台多样

在教学平台建设方面西部高校成效较大，改变了西部高校思政课教学缺乏平台支撑，仅就课堂教学谈教学的问题。从省级层面而言，各省普遍形成了思政课教学比赛与研讨机制，设立了思政课教学专项支撑项目、集体备课平台、专家进校听评课制度等，校际的思政课教学竞争与合作平台初步搭建起来。西部高校之间建立的思政课联合备课平台，有效促进了思政课教学交流，协同提升、共同提高成为现实。西部高校根据自身情况建设了思政课教学方面的专题网页、公众号等，个别学校还建成了思政课线上考试平台，为思政课教学信息化建设奠定了基础。西部高校还普遍建立了思政课实践教学基地，与所在地、省区内爱国主义教育基地、红色文化纪念馆展馆、美丽乡村等广泛建立了思政课实践教学和育人合作机制，扩展了思政课实践教学的渠道、形式和内容，思政课教学的鲜活度显著增强。

五、人力资源建设成效明显

西部高校思政课教学队伍建设最显著的成效是教师数量大幅度增加，除极个别高校外专职思政课教师师生均达到了 1∶350 的比例要求。在全员育人理念推动下，西部高校在校内建立了校领导讲思政课、协同学工处与团委开辟第二课堂、课程思政协同提升思政教育实效等机制，在校外建立了第二支思政课教师队伍，外聘教师、特聘教授、实践教学指导教师队伍等建立起来，与校内思政教师队伍形成了互补。

在结构上，专职思政课教师与兼职思政课教师、外聘及特聘思政课教师相结合，教师数量较为充足，确保了思政课教学保质保量开展。

在教学能力和水平上，近年来西部高校引进思政课教师数量较多，年轻化趋势明显，针对教师队伍年轻化的特征，西部高校采取了教师能力提升的多种措施。一方面，充分借助国家思政课教师培训、新教师岗前培训、研修、骨干提升等项目，参加省级思政课教师培训，助力思政课教师成长；另一方面，学校为思政课教师教学能力和研究能力提升实施了系统化的措施，导师代培、担任班主任辅导员、岗前集中培训、听课说课与开展示范课、思政课教师专项课题等措施为思政课年轻教师的成长发挥了有效促进作用，思政课年轻教师教学和研究能力稳步提升。

六、学生整体满意度不断提升

学生满意度是思政课教学质量和水平提升的重要衡量标准，西部高校思政课教学质量和水平提升过程中学生满意度也在不断提高。在教学内容上，除政策要求、教材规定的内容外，学生对西部高校思政课教学中融入的实践教学内容、地域范围内红色教学资源、身边经济社会发展的实际，产生了浓厚的学习兴趣，满意度较高。在教学方式上，西部高校思政课教学改变了单一的讲授和灌输方式，案例式、体验式、探究式等教学方式使得课堂教学不再枯燥，学生课堂到课率、抬头率提高，课堂教学实效提升。在考核评价方式上，部分西部高校改革思政课考核评价方式，把单一考试形式转变为综合化的考核方式，给予了学生更多的自我思考和发挥空间，学生的主动性更强。在思政课考核成绩的运用上，个别西部高校探究在把思政课考核成绩作为入党积极分子推荐、参考的基础上，与评优评先、第二课堂、社会实践等有效衔接，学生思政课学习、实践和研修的积极性提高。在思想认识的启发上，学生对思政课教学中的社会热点、国际政治、经济社会发展、成长与就业、科技创新等内容关注度和满意度较高，有针对性地解决了学生思想认识上的疑惑，引导学生从客观、科学、正确的角度认识问题，透过表现看本质，解决了困惑、启发了思想。学生对思政课的满意程度是动态的，也存在个体的差异性，仍需持续改进和提高。

七、"关键课程"作用进一步发挥

通过对思政课教学质量的持续提高，西部高校强化思政课的主渠道作用，通过构建大思政格局，把思政课的关键作用充分释放。一方面，在课程建设上，思政课整体水平不断提升，思政课程与专业课程以课程思政为结合点在思想政治教育方面有机融合，形成了教育合力，在内容、范围、效果等诸多方面放大思政教育功能；另一方面，从立德树人根本任务的落实上，西部高校注重思政课政治方向的引领、政治品格的塑造、政治素质的提高和政治标准的考核，注重思政课教学对学生德、智、体、美、劳各方面的培养，从整体上系统化育人，思政课教学育人实效显著。

总体而言，西部高校思政课教学有效贯彻了国家政策要求，达到了国家规定的标准，思政课教学的基础更为扎实，思政课教学质量和水平提升的核心能力已经具备。部分西部高校在思政课教学质量和水平稳步提升的基础上，大力推动思政课改革创新，在思政课特色化建设和优势培育、思政课教学质量和水平长足提升机制等方面取得了显著成效，有效带动了西部高校思政课教学质量和水平的整体提升。

第二节　存在的问题

西部高校思政课建设成效显著，教学质量和水平稳步提升，思政课关键课程的重要作用不断释放。但西部高校思政课教学中仍然存在不足，既有思政课教学中全国高校普遍存在的共性问题，又存在相比较全国和东部高校而言的特殊问题，而西部高校各省区之间也存在较大差异性问题，普遍性与特殊性叠加，西部高校思政课教学的问题更为复杂，解决的难度也更大。各方面的问题制约了西部高校思政课的高质量发展，深入研究思政课教学中存在的问题，有的放矢，推动新时代思政课改革创新，实现新时代建设高质量和高水平思政课的重要目标。

一、资源有效性不足

本质上而言，制约西部高校思政课教学质量和水平提升的关键是资源，政策、资金、项目、人才等直接影响着西部高校思政课教学。虽然，近年来在国家投入力度不断增大，各省配套政策、项目、资金逐年增加的情况下，西部高校思政课教学得到了有效保障和有力推动，但与东部高校相比资源的有限性仍较为明显，在全国高校思政课教学质量和水平不断提升的趋势下，西部高校仍然处于达到标准、忙于追赶的状态。

1. 政策选择性执行

西部高校深入贯彻落实了党中央和国家关于思政课教学的政策和文件精神，特别是在“硬性”规定和“标准化”要求方面，西部高校基本落实到位。但在偏“软性”的规定方面，西部高校由于资源的限制，存在对政策和措施选择性执行的问题，造成西部高校思政课教学处于基础、达标的层面，从而改革创新不足、长足发展乏力。如《新时代高校思想政治理论课教学工作基本要求》提出“积极推行100人以下的中班教学，大力提倡中班教学、小班研讨的教学模式，逐步消除大班额现象”，西部许多高校由于教师和教学场地等原因无法实现。甚至一些学校在发展中因招生规模的扩大，而出现由中小班教学逐渐改为合班教学的情况，在思政课教学方面的资源投入仍较为紧张。《新时代高等学校思想政治理论课教师队伍建设规定》提出“高等学校应当切实提高专职思政课教师待遇，要因地制宜设立思政课教师岗位津贴”，西部高校仅云南省等个别省份提出了计划并开始实施，绝大部分西部省区均因资金投入问题没有实施，西部绝大部分高校也因经费以及绩效与收入平衡考虑等因素没有实施。

2. 资源使用效率不高

西部高校由于资源的有限性和管理水平偏低的双重约束，资源的使用效率偏低，无法对思政课教学质量和水平的提升起到高效促进作用。以思政课教师学术交流和实践研修专项经费为例，西部高校根据教育部等文件要求，按照“本科院校按在校生总数每生每年不低于40元，专科院校按每生每年不低于30元”的标准提取和设立了专项经费，但在使用中专项经费的效益没有充分发挥，学术交流流于形式、全国各地跑没有实质性成果、缺乏管理制度和经费使用绩效考核等，造成经费使用缺少实效。受疫情影响学术交流和实践研修困难的情况下，很多西部高校专项经费没有使用，这种两极化的状况造成了经费使用效率的低下。再如，国家哲社、教育部哲社繁荣计划及专项计划中设立了西部专项，但西部个别省缺少与上述政策对接的举措，存在一拥而上、刚达到申报数量要求等分化情况，没有统筹规划、合理竞争、合作发展，没有把国家政策资源用好用足。

3. 省级资源配备长效化不足

西部省区对高校思政课教学进行了系统化资源配备，但从长期化的思政课建设需要看，资源配备存在“临时性”，长期化、长效化建设不足。如《普通高等学校思想政治理论课教师队伍培养规划（2019—2023年）》中提出了专题理论轮训计划、示范培训计划、项目资助计划等培养途径和措施，各省也相应实施对于规划对应的本省思政课教师培养措施。但从2021年以来，很多省级原有计划陆续不再实施、资助资金也相应减少，长期化支持力度难以保障，反映了省级资源支持的不足。以西藏自治区为例，西藏自治区高校仅7所，4所本科院校中仅西藏大学和西藏民族大学建立了马克思主义学院，其他高校目前均无马克思主义学院，西藏省级层面的编制、机构配备不到位，没有达到教育部关于马克思主义学院的建设要求和标准，马院建设的滞后也制约了思政课教学质量和水平的提升。

4. 知识资源建设滞后

西部高校在思政课教学知识资源建设方面相对不足，特别是在学科建设方面较为滞后。除综合性高校外很多西部高校没有马克思主义理论学科和相关专业，无法从学科建设和专业发展层面对思政课教学形成有力支撑，只能从思政课教学来提升教学，缺乏理论高度、内容深度上的全面发展。西部高校思政课教学方法改革创新的力度和成效不足，目前课堂中单纯讲授的方式仍占主导，案例式教学、专题式教学、体验式教学和探究式教学等方式的使用正逐渐增多，但更多的仍处于"模仿"阶段，对教学方法的深刻理解和深入挖掘不足。实践调研反映出，西部高校思政课教师在教学方法上更多参考和借鉴了教指委组织的各级各类思政课教学比赛与示范课中的教学方法，很多教师未系统学习过和深入研究过思政课教学方法，还停留在形式的层面。个别教师使用集体制作、某高校或机构研制的教学课件，按照课件中的教学方法开展教学，教学方法的效果较差。西部高校思政课教学在教学方法上缺少突破和创新，成为提升思政课教学质量和水平中亟待解决的重要问题。

二、供给侧改革不足

从供给侧看，西部高校在思政课建设方面取得了显著成绩，但与新时代思政课教学发展要求尚有差距，思政课教学供给侧改革不足、精细化程度不够、偏重数量而质量亟待提高。

1. 师资队伍建设改革乏力

西部高校在思政课教师队伍建设上目前处于数量为主、着力提升质量阶段，相比物资资源建设和知识资源建设，人力资源建设相对落后[①]。在教师学科背景方面，思想政治教育专业教师为主体，马克思主义理论学科方向上的教师呈上涨趋势，历史、法律等其他学科占有一定数量，但学历层次以硕士研究生为主，博士研究生较少，存在结构性失衡。学科背景多样化之下，教师研究在“原有学科背景条件下寻找与马克思主义理论学科的相切点开展学术研究”，研究方向分散、深度欠缺，难以转化为教学资源[②]。在教师能力方面，存在与课程需要不匹配的情况，特别是习近平新时代中国特色社会主义思想、以党史为主的“四史”课程的开设，思政课教师的结构性短缺、能力的不匹配表现得尤为明显，缺少在校内和跨校的思政课教师及其他学科专业教师的有力整合，与当前思政课教学内容越来越丰富、专业性越来越强、前沿性理论性越来越高的趋势还有较大差距。在团队建设方面，西部高校思政课教师队伍偏于年轻化，思政课教师队伍的团队建设和梯队建设不足，教师队伍处于成长阶段，与“成熟”的思政课教师队伍尚有差距。在近年全国高校思政课教师较为紧缺的情况下，思政课教师队伍中的人才“东南飞”也较为普遍，特别是中青年骨干教师的流失，影响了西部高校思政课教师队伍的建设[③]。在教师自主发展方面，西部高校思政课教师教学任务重，职业倦怠明显，部分思政课教师缺失思政课教师的身份认同感，职业归属感意识不足，缺少自主发展意识和动力[④]。这些因素造成思政课教师在马克思主义理论素养上提升慢，教学能力提升也受到较大影响。

2. 教学内容不够鲜活

实践调研反映出，学生对思政课课堂教学内容的要求和需求较高，普遍认为思政课教学改革的重点在于对教学内容的丰富，针对时代发展和社会实际情况设计教学内容，避免枯燥无味的片面化理论讲授。撇开学生以自我为中心的认识，西部高校思政课教学内容存在的典型问题是没有有效地把教材内容转化为教学内容。一是教师对思政课教材整体性的把握不够，在针对教材备课时的深度不够，课堂教学中对理论讲解的系统性和深度不足，学生理

① 邹聪．“05 方案”以来我国高校思想政治理论课政策研究［D］．武汉：武汉轻工大学，2021.

② 赵晓霞．西部高校思政课教师队伍建设研究［D］．兰州：兰州交通大学，2021.

③ 赵晓霞．西部高校思政课教师队伍建设研究［D］．兰州：兰州交通大学，2021.

④ 王永斌，刘雄旺，李辉山．高校思想政治理论课教师队伍建设的政策指向及成效分析［J］．文化软实力，2019，4（4）：26-36.

解不完整、不深刻；二是思政课教师教学中缺少理论与实践的结合，教学中难以运用理论深入解读历史背景、社会现实等，与现实有一定程度上的脱节；三是西部高校思政课教学中较多地融入本省和地域范围内地的红色文化等内容，虽然调动了学生学习的积极性，但针对教材内容和教学要求的准确度不够，个别教师教学中出现偏离教材和教学要求的情况，分散了教学目标的达成度。

3. 教学话语体系构建缺失

西部高校思政课教师已经关注到教学话语对思政课教学质量和水平提升的重要性，但从西部高校思政课教学整体情况看，思政课教学没有较好地把教材话语转化为课堂教学话语。一方面，教学过程中“师生交流互动较少，学生被动接受，主动性低”，师生因交流问题而存在课堂教学话语不对称的问题①。教师没有针对学生年龄、心理、学习与生活实际进行有效的话语沟通，缺乏“网络原住民”式的话语交流。另一方面，教师课堂教学中单一的教材话语，甚至文件话语直接造成课堂教学的枯燥和呆板。很多教师缺少针对学生的教学话语构建，没有从网络用语、学生生活实际交流用语等来构建丰富的教学话语。特别是针对西部地区的民族、宗教、反分裂等敏感话题时，基本按照文件和书本上的语句进行讲解和应答，缺少多视角的以家长、朋友、第三者的多方话语解读，影响了教学效果。

4. 教学信息化缺少深度

西部高校思政课教学中信息化建设虽然取得了显著成效，但停留在简单的网站、公众号平台的基础层面，思政课教学信息化的深度不够。一方面，思政课教师对思政课教学信息化认识水平较低，停留在使用多媒体教学、线上教学、平台信息发布和线上考试等层面，还没有深刻认识到大数据时代技术的融入，引发的“思政课教育教学组织与服务方式的变化”，对人工智能融入思政课教学的趋势缺乏了解②；另一方面，西部高校思政课教学信息化尚未开展建设智慧课堂的阶段，从西部高校实际情况分析，用现代化信息技术手段

---

① 赵晓宾.“对分课堂”在云南边疆民族高校思政课中的教学实践[J].文化创新比较研究，2019，3(34)：148-149.

② 孙邦金.持续推进新阶段高校思政课的高质量发展——“习近平总书记‘3·18’重要讲话发表两周年学习研讨会”综述[J].思想理论教育导刊，2021(5)：141-143.

推动智慧课堂建设尚有较大差距，在项目规划、资金投入等方面缺少准备。西部高校智慧课堂建设处于起步阶段，更多地集中在一流学科上，思政课智慧课堂建设还没有规划，与全国探索开展的虚拟仿真思政课体验教学中心建设有较大差距。

从思政课供给的情况分析，西部高校思政课教学供给以学校和教师为主体，在资源建设、教师教学组织、课题教学中学生的参与度较低，对学生思政课学习需求考虑不多。针对学生学习需要，仍以传统的灌输式、大水漫灌的形式为主，缺乏精准性，不利于思政课教学质量和水平的提升。

三、需求侧引导不足

西部高校思政课教学学生总体满意度较好，但学生思政课学习需求侧变化快、多样化趋势显著、群体性和个体性需求差异大、个性化需求突出，面对这些需求侧的新变化和新趋势，西部高校对学生需求的满足无法长期持续下去。对学生思政课学习需求侧的研究较少、应对策略和发展规划缺失，影响了思政课教学质量和水平的进一步提升。

1. 学生主体不突出

“要坚持主导性和主体性相统一，思政课教学离不开教师的主导，同时要加大对学生的认知规律和接受特点的研究，发挥学生主体性作用。”①西部高校思政课教学中对学生的主体性突出不足，在思政课教学全过程中学生参与较少，仅在实践教学、课堂讨论、体验和探究式教学中有参与，但学生参与的被动特征明显，基本在教师设定好的内容和范围内参与，无法调动学生的积极性和主动性。教师主导、学生主体两者应统一于思政课教学中，但教师在教学中由于教学任务重，仅聚焦了普遍性需求，更多客观因素造成了教师对学生主体性的忽视。还有教师对学生主体性认识和把握不准确，把更多的教学任务特别是作业、专题教学等内容交给学生，把以学生为主体等同于交给学生。教师在教学全过程中没有立足学生的所思所想构建教学设计，学生长期被动接受，思政课学习效果较差。

① 习近平. 思政课是落实立德树人根本任务的关键课程[J]. 求是，2020(17)：4-16.

2. 需求多样化满足不精准

零零后学生生活在网络信息时代，生活和学习环境、认知形式、思考方式等均有很强的信息化时代特征，学生对社会现实问题的关注、时代发展的认知、人生的困惑等，都迫切需要思政课教学给予回答。对学生多元化的需求，思政课教师在全力做出回答，但效果均不理想。这是西部高校和全国高校面临的共同难题，精准满足学生个性化、多元化的需求成为思政课教学的难点问题。西部高校思政课教学尚未很好解决此方面的问题，特别是面对学生生活和学习中无法回避的实际问题，西部高校思政课教学中对此类问题多采取回避态度，很多老师不敢讲、不会讲，思政课教学实效大打折扣。

总体而言，西部高校思政课教学缺少以学生思政课学习需求为导线的教学策略规划和有效的教学设计，在课堂教学之前的“备学生”环节下功夫不够，不能精准掌握学生的思政课学习需求和学习特征，也无法以高质量的思政课教学引导学生的思政课学习需求。供给与需求是平衡和对应的关系，西部高校思政课教学存在供大于求、所供非所求的情况，思政课教学的供给侧和需求侧均需进行改革。

四、缺少“增长点”

西部高校思政课教学在基础初步夯实的基础上，进一步提升和发展的措施还较少，改革创新的力度还不足，缺少推动思政课高质量发展的增长点和渠道。

1. 特色与短板并存

西部高校思政课教学结合区域特殊资源，进行思政课教学的特色化建设，但西部高校间特色化建设水平差异较大。“双一流”学校和重点马院高校特色化建设呈现出两个方向，一是注重特色建设，以创新引领发展，把特色建设放在学科建设中实现，具有一定的经验和模式的范式化特点，其他高校可模仿性较低；二是不突出特色，仅在夯实基础上注重内涵建设，以雄厚基础和实力稳步发展。其他很多西部高校重点在思政课教学模式、课堂教学形式上进行创新，在实践教学上广泛建设实践教学基地、建设思政课教师共同体，这种特色更多偏重于形式，没有立足于学科建设和内涵发展，在基础尚不扎实的前提下开拓的“增长点”往往昙花一现。本质上，这种特色是高校提升思政课教学质量和水平的“短、平、快”的做法，没有较高的技术障碍和门槛要求，短期效应明显、长期效应不显著。这种两极分化的趋势说明，西部高校思政课教学质量和水平提升中面临的问题，西部高校内部没有形成协同、重点马院和“双一流”高校马克思主义理论学科建设的溢出效应不明显。

2. 改革创新乏力

对照中共中央办公厅、国务院办公厅《关于深化新时代学校思想政治理论课改革创新的若干意见》，中宣部、教育部《新时代思想政治理论课改革创新实施方案》的要求，西部高校在思政课教学改革创新方面的难度较大。一是在课程体系上开始习近平新时代中国特色社会主义思想、“四史”、宪法法律、中华优秀传统文化等选择性必修课程难度较大，首要一点是很多高校思政课教师队伍难以承担上述课程。二是在思政课教师队伍建设上，思政课教师待遇、职称、项目等支撑难以全面落实，难以持续性长期给予支持，仅能在个别方面“兑现”，无法系统化推进思政课教师队伍建设。三是创新发展上，西部高校立足特殊建设特色，但难以把特色内化在发展能力上，还没有把特色与经验模式化，思政课教学质量和水平持续提升的“增长点”和长效机制尚未形成。西部高校思政课教学改革创新涉及思政课、教研室、马院建设，甚至高校整体发展等诸多方面，西部高校在顶层设计、资源配备、经验与能力等方面还较为欠缺，尚需在长期的发展中逐步实施。

西部高校思政课教学中存在的问题呈现出层次化、多样化、普遍性与特殊性兼具的特征，有的高校思政课教学基础尚不扎实、有的达标规范、有的实现持续提高，更多的高校刚刚进入高质量发展阶段。这些问题更多的是发展中存在的问题，在新时代思政课高质量发展的新阶段，必须及时有效解决，适应全国思政课发展的需要，更好地满足高质量人才培养的需要。

第三节　主要原因

西部高校思政课教学取得的成效与存在的问题并存，原因是多方面的，通过描述性分析、实践调研、对成效和问题深入研究发现，党的领导、党的创新理论、党中央和国家促进思政课建设的政策和举措等，有力推动了西部高校思政课教学质量和水平的提升。西部地区的区域特殊性、西部高校思政课教学影响因素的繁杂性特征、西部高校思政课建设中的协同发展能力与措施等,制约了西部高校思政课教学质量和水平提升。

一、党的领导与创新理论

党的十八大以来,在党中央的高度重视、正确领导与有力推动下,高校思政课建设成效显著。西部高校思政课建设取得了斐然成绩,教学质量和水平稳步提升,根本原因在于党对思政课建设的领导。以习近平同志为核心的党中央把思政课建设作为党的建设、意识形态工作和落实立德树人根本任务的重要内容,确立了思政课的战略高度和重要意义,切实把思政课建设列入地方各级党委的重要议程,形成了各级党委重视思政课、抓思政课建设的工作格局,加强了党对思政课建设的领导。在党的领导下,西部高校思政课教学质量和水平不断提升,思政课建设进入了最好的发展时期,"关键课程"的重要作用充分发挥。

在党的领导下,党的创新理论推动了思政课发展,赋予了思政课与时俱进的新内容、新思想和新理论,成为思政课发展的源头活水。西部高校思政课教学坚持了学习宣传贯彻习近平新时代中国特色社会主义思想的主线,让思政课教学与党的创新理论同心同向同行,从源头上确保了思政课教学质量和水平的不断提升。西部高校陆续开设了习近平新时代中国特色社会主义思想课程,大部分高校开展习近平新时代中国特色社会主义思想专题系列讲座,深入开展以党史为核心的"四史"教育并加强课程建设,确保了思政课教学的理论有深度、内容更丰富、形式更多样,切实提高了思政课教学效果。

二、政策效应显著

思政课建设高质量发展的又一重要动因是党和国家政策的推动。学校思想政治理论课教师座谈会召开以来,党中央、国务院制定了推动思政课改革创新的指导性意见,教育部在前期思政课建设系列政策的基础上,形成了全面加强思政课建设、推动思政课改革创新和高质量发展的系统性政策,有力推动了思政课的发展建设。特别是教育部关于思政课建设的政策中,对西部地区高校和民族地区高校给予了政策、项目和资金的倾斜,针对西部高校思政课建设总体水平偏低、自身发展能力不足、资源约束较大的实际问题，为西部高校思政课教学质量和水平提升提供了强劲动力。西部省区和高校以国家政策为依据，制定具体的实施措施，构建起从国家到学校的政策体系，确保了思政课教学质量和水平的提升，为思政课建设构建了制度保障。

三、区域特殊性强

制约西部高校思政课建设、对教学质量和水平提升产生负面影响，根本在于西部地区的区域特殊性。与东部相比，西部地区经济社会发展相对滞后的实际情况，影响了西部高校的发展。具体到思政课教学上，一是西部高校思政课教学投入仍较少，与东部高校思政课建设的大规模、持续化投入相比，短板极为明显；二是在思政课教学理念上相对滞后，改革创新的力度远远不足，处于被动执行状态；三是西部高校人才流失严重，高水平、专家型思政课教师引进难、留住更难，思政课骨干教师较为缺乏；四是由于多种因素制约，西部高校在思政课教学特色化发展中，无法把特色转化为内涵发展的动力、模式和机制，没有形成具有西部特点、符合本校实际的思政课教学质量和水平持续提升的体制机制、经验和模式。西部高校的地区特点和区位特征成为高校发展的重要影响因素，也间接影响和制约了思政课教学的高质量发展。

四、影响因素繁杂

西部高校思政课教学影响因素繁杂，实践调研中发现，基于教师视角的影响因素有国家政策执行度、省区配套政策与支持、校级层面资金统筹与保障、马院建设、马学科建设、教师结构、学生差异化特征、课堂教学方式、实践教学、考试形式、信息化建设、质量评价体系等 12 个，基于学生视角的影响因素有教师能力与水平、课堂教学方式、实践教学、考试形式、信息化建设、课后辅导咨询答疑、学生主体导向教学等 7 个。在实践调研与访谈的基础上，筛选、整合出政策、学校措施、马院与学科建设、教师队伍、学生特征、教学方式等 6 个关键影响因素。这些影响因素有思政课教学中的普遍性特点，更多具有西部地区和西部高校的特殊特征，又因西部不同高校而有较大差异，影响因素数量多、特殊性强、复杂多样。有效整合多种影响因素，发挥“1 加 1 大于 2”的实效，是对西部高校思政课教学提出的挑战。

五、协同发展缺失

教育部实施的东部高校马院对口支援西部高校马院、东西部高校马院共建、西部高校思政课实践教学基地建设，为西部高校思政课教学的协同发展提供了平台、奠定了协同发展的基础。但从实际成效看，西部高校思政课教学协同发展的深度仍需加强，亟待提升协同发展能力。在师资队伍上还局限于集体备课平台、示范课交流研讨等层面，没有把本省及东部思政课教师进行整合，缺少扩展为教师交流任课、线上教学共享、校际兼课的形式，无法弥补本校思政课教师数量和结构上的不足。校内思政课、思政课程群和专业课的资源整合缺失，课程思政虽然在普遍推广，但高校与思政课形成合力、思政课教师与专业课教师形成合力尚未有效实现。特别是“大思政课”缺少社会和学生家长的参与，学校思政课教育与家庭教育未形成合力，思政协同育人实效低。西部高校思政课教学质量和水平不能仅仅局限在课堂的教学效果上，还要通过协同发展构建思政课建设的共同体，更大范围、更深程度地体现思政课教学质量和水平，让关键课程起到关键作用。

西部高校思政课教学质量和水平提升中成效与问题并存，原因复杂而多变，积极因素与消极因素相互制约。总结经验、查找问题、分析原因，成为深入研究思政课教学的重点。关键要针对问题，找准发展要点，才能精准满足学生思政课学习的迫切需求，提高思政课育人实效，适应思政课教学高质量高水平发展的趋势和要求。

第六章

比较研究

从西部高校间和东西部高校横向对比分析，西部高校思政课教学质量和水平呈现出不平衡和不充分的特征。一方面，西部高校思政课建设存在各省区间、各高校间不平衡的现象，有的省区重视度更高、投入更多，成效也更为显著；另一方面，西部高校与东部高校在思政课教学质量和水平上还有一定差距，一些西部高校还低于全国平均水平。比较研究进一步揭示西部高校思政课教学质量和水平提升中的特殊问题，有利于深入对西部高校思政课教学的认识与把握，便于精准施策，持续提升思政课教学质量和水平。

第一节　西部高校间及其与东部高校比较研究

“当前思政课发展不平衡不充分的问题仍然突出，主要表现为不同区域、不同类型、不同层次的学校思政课建设仍然差距明显，这种差距既有师资水平支持力度，还有重视程度等。”①思政课教学不但存在区域不平衡不充分的问题，不同类型和不同层次学校间的差距也较为明显，西部高校在此方面表现更为突出。

① 张学亮，赵瑶．论思想政治理论课高质量发展的逻辑理路[J]．北京教育（德育），2021(11)：70-74.

一、西部省区间高校思政课教学比较

通过描述性分析发现，研究样本中的四川省、云南省、甘肃省、青海省和西藏自治区在思政课教学方面既有共同的一致性做法，又有特色性的典型措施。在一致性方面，各高校都以党和国家关于思政课建设的政策要求为目标，在贯彻落实中执行关于思政课教学质量提升的系列措施。在成立教学指导委员会、开展思政课教师培训、设立思政课专项课题等、组织思政课教师听课备课及讲课比赛、单列思政课教师荣誉等方面，各省区做法基本一致，充分体现了党和国家关于思政课建设政策与措施的有效落实。在差异性方面，各省区在推动思政课教学质量提升中呈现出实施力度、系统性和成效不同等差别。

一是在经费投入上，各省区均加大了对思政课的投入，但强度和持续性差别较大。四川省和云南省在思政课建设经费投入方面的持续性较好，没有出现资金年度波动较大的情况，较为平稳且呈现增长趋势。西藏自治区在思想政治教育工作和思政课建设方面投入师生比标准最高，达到每生每年300元的标准，但经费使用精细度不足，个别学校存在思政课教师学术交流经费偏少和支持困难的情况，思政课教学经费规划过于笼统。

二是在提升思政课教学质量和水平措施的系统性方面，四川省在贯彻思政课教学要求方面的措施最为全面，政策、措施形成了系统化发展举措，各项措施间联系度较为紧密，系统性较强。云南省、甘肃省、青海省相比四川省而言，实施思政课建设的举措有一定的滞后性，各项举措呈现出分阶段、按年度的特征，处于系统化措施的构建和发展阶段。西藏自治区思政课建设举措系统性不强，省级层面的措施相比其他省份最少且执行不连续，特别是仅以落实国家要求的措施为主，本省区内部的举措不完整，缺少系统性。

三是在马克思主义学院建设上，两极分化较为明显。四川省除个别专科高校外普遍建立了马院，云南省大力推动马院建设，通过建设省级重点马院提高对思政课教学发展的支撑。甘肃省和青海省大部分本科高校和个别专科都建立了马院，在分课程教研室建设方面与四川省和云南省基本一致，思政课教学质量提升的组织基础和框架较为完善。西藏自治区 7 所高校中仅 2 所本科院校建立了马院，其他高校均未建立马院，也未按照思政课程科目建立教研室，规范性较弱，也反映出对思政课教学质量和水平提升的系统性、科学性认识不足，没有引起足够的重视。依托马院建设思政课教学质量和水平提升平台方面，西藏自治区高校与其他省份差距较大，马院的基础和平台作用没有充分发挥。

四是在教师队伍能力水平上，四川省专家型、知名思政课教师数量最多，从文献检索分析看教师发表的成果数量、级别也高于其他省份，虽然与本省高校数量、思政课教师总量有关，但从国家级项目立项情况看，也反映出四川省思政课建设的总体水平较高。甘肃省依托兰州大学的全国重点马院和西北师范大学等几所学校的学科优势，思政课教师团队建设较为突出，在西部地区有一定的影响力。青海省和西藏自治区思政课教师整体水平相对其他省份而言较低，两省也是教育部实施对口支援的西部重点地区，对口支援高校在马克思主义理论学科建设上给予了大力支持，近年来，支教教师由重数量向高水平骨干教师转变，对招收具有博士学位的思政课教师的支持力度较大。这是两省思政课教师队伍建设中的特殊性，也反映出了青海和西藏两省区思政课教学整体水平偏低，自身发展能力较弱，需要通过援助的形式提升。

五是在特色发展与特殊问题解决上，描述性分析反映出，四川省高校在思政课实践教学方面特色显著，高校普遍性开展了特色化的思政课实践教学，高校的红色资源开发、红色文化宣传和红色基因传承方面具有全域性特征。西藏和青海面临的特殊性最强，爱国主义、民族团结、反分裂教育的要求更高，思政课教学在这两方面花费的力气也最多，但两省区在此方面形成的特色与典型经验却较少。西藏大学主导编著的《马克思主义国家观历史观民族观文化观宗教观概论》虽然有一定的代表性，但创新和特色还不够突出。

四川省、云南省、甘肃省、青海省和西藏自治区在思政课教学质量和水平方面的不平衡性表现在，思政课建设整体水平上有差距、质量提升的长效机制是否完善、发展基础是否夯实、内涵发展动力是否充足、建设成效是否显著等方面。基于描述性分析整体情况比较而言，四川省、云南省、甘肃省高校思政课教学进入高质量发展阶段，四川省高校思政课教学发展表现更为突出，与东部省份思政课教学处于同等水平。青海省高校思政课教学水平略低于甘肃省和云南省，处于向高质量发展的快速发展期。西藏自治区高校思政课教学水平处于达到国家要求的标准阶段，面临夯实基础、高质量达标的重任。5 个省区在思政课教学质量和水平方面呈现发展阶段明晰的特征，高质量发展阶段与“达标”阶段共存，发展差距明显。5 省区样本能够代表西部省区思政课建设的整体情况，集中反映了西部高校思政课教学质量和水平发展不平衡不充分的现象。

二、西部省区内高校思政课教学比较

西部省区内不同类型、不同层次高校间思政课教学质量和水平呈现了不平衡和不充分的特征，主要表现为本科院校和高职高专院校间、公办高校和民办高校间的不平衡和不充分。撇开本科院校和高职高专院校在马克思主义理论学科建设层面的区别，思政课教学质量和水平上的不平衡主要表现为：一是本科院校的思政课教学更为规范、教学标准更高，而专科院校仍存在思政课教学粗放管理，特别是调停课较为随意、理论教学深度不够、缺少过程化考核、考试形式过于单一等方面与本科院校差距较大。二是本科院校思政课教学已经进入规范化常态化发展的轨道，思政课教学制度完善、系统完整，有较强的弹性。而专科院校面对教育部发布的新制度、新措施和新要求，往往需要从学校管理制度、管理体制上进行调整，才能贯彻落实思政课教学新要求。如部分西部专科院校在开展以党史教育为重点的“四史”教育中，需要由学校党委具体布置，需要由宣传部、教务处具体安排，甚至要对人才培养方案重新修订，不但难以快速发挥“四史”教育的重要作用，反而造成了短期内思政课教学的“动荡”。西部专科院校思政课教学管理与发展的体制机制不够完善，还处于发展过程中，这也是西部高校本专科院校间思政课教学发展不平衡最为显著的表现。三是本科院校思政课教学中主要关注理论深度、实践教学目标达成度、课堂教学实效的提升，而专科院校更多关注到课率、抬头率，以及针对教学中的各种各类问题的解决。专科院校思政课教学还没有完全直接聚焦在教学质量提升方面，更多学校还处于思政课教学的“保障”与“运行”层面。四是本科院校教师更多关注理论研究和思政课教学整体研究，而专科院校教师更多关注教学中的具体问题和本校以及个人教学中的问题，容易出现一问题一策略、新问题不断出现的情况，缺少系统化、机制性地解决思政课教学问题进而提升教学实效。这些不平衡性还更多地表现为本专科院校的思政课教学差异和区别，如专科院校思政课教学侧重体现职业教育特色，但在加强理论教育和学习的共同要求上专科院校水平弱于本科院校。

公办高校和民办高校思政课教学建设的不平衡不充分性更为显著，实践调研反映出主要有以下几个方面的表现：一是民办院校对思政课教学的重视程度比公办高校低，虽然总体上民办院校对思政课教学重视程度呈上升趋势，但民办院校思政课教师反映的“说起来重要、忙起来不要”的情况依然存在。民办院校在处理职业技能培养训练和思政课的教学关系时，意识上和行动上仍不自觉地把职业技能放在首位，“重技能、轻德育”的观念还没有从根本上改变，思政课教学质量和水平的提升还有较大难度。二是民办院校思政课教师数量不足、结构不合理、能力偏弱，聘任临时教师从事思政课教学的现象较为普遍，不仅与公办院校有加大差距，还与教育部关于思政课教学要求有一定差距，这是制约西部民办院校思政课教学质量提升较为关键的因素。三是民办院校在思政课教学上的规范性不强，个别院校还存在课时、学分难以保障的情况，思政课教学方面制度建设不完善、执行力不强，常规教学的规范性弱。西部民办高校思政课教学处于“达标”状态，仍需巩固和加强，极个别院校尚未“达标”，思政课教学质量和水平提升的任务较为艰巨。

西部地区民办普通高校 203 所，占西部地区普通高校的 27.4%，占全国民办普通高校的 28%。其中，民办本科院校 91 所，占西部地区普通高校的 12.3%；民办高职（专科）院校 112 所，占西部地区普通高校的 15.1%。四川民办高校 52 所（本科 18 所、专科 34 所），在西部地区数量最多。云南民办高校 21 所（本科 9 所、专科 12 所），数量排在陕西、重庆、广西之后。甘肃民办高校 6 所（本科 3 所、专科 3 所）、青海民办高校 1 所（本科 1 所）、西藏民办高校 0 所。西部地区民办高校数量较多，民办专科层次院校思政课教学质量和水平最低，成为西部高校思政课教学建设的短板，在重视程度、制度建设、体制机制、教师队伍、教学管理等方面均需加强。当前，从全国和西部地区思政课教学的实际看，民办院校的思政课教学处于被“忽视”的状态，从国家到省区缺少针对民办院校思政课教学的政策支持，与公办院校统一要求，没有考虑到民办院校的实际，难以整体上提升思政课教学质量和水平。

三、东西部高校思政课教学比较

西部高校思政课教学质量和水平低于东部高校成为共识，但难以用量化的指标具体说明，通过描述性分析和直接感受更能说明东西部高校在思政课建设方面不平衡不充分的情况。针对东西部高校思政课教学发展不平衡不充分的情况，研究进行了针对性访谈，一是对东部承担对口支援任务的教师进行访谈，访谈对象主要为中国社会科学院、吉林大学、东北师范大学、南京师范大学、首都师范大学、苏州大学选派的有援藏、援疆和援青海高校经历的思政课教学、教学管理和学校管理经验的教师和管理干部22人；二是对西部高校教师进行访谈，访谈对象为青海、西藏高校选派的到对口支援高校进修学习的思政课教师12人，以及青海、四川参加教育部思政课教师各类培训的教师10人。访谈问题与主要结论如下。

问题一：您如何看待东西部高校思政课教学发展不平衡不充分的现象？

共识性结论如下：

（1）该现象一直存在，具有客观性和长期性，还将长期存在。

（2）这是全国思政课教学中存在的典型情况，学科建设、专业发展、课程教学中普遍存在东西部不平衡不充分的情况。

（3）解决的难度较大，甚至无法根本上解决，但东西部高校间思政课教学质量和水平的发展差距会逐渐缩小。

（4）不是所有西部高校思政课教学质量和水平都偏低，西部“双一流”高校与东部高校处于同等水平，陕西、四川、重庆等省份思政课教学质量和水平较高，不比东部省份高校低。

（5）这种不平衡不充分的情况可做另解，在全国高校思政课教学质量和水平整体提升的基础上，形成发展梯队，东部高校负责创新引领，西部高校偏重于实践发展。

问题二：您认为东西部高校思政课教学发展不平衡不充分的表现有哪些？

共识性结论如下：

（1）发展理念方面，缺少发展导向，没有从发展思维推动思政课教学，导致思政课教学理念、教学方法、改革创新等更新与推动缓慢。

（2）发展动力方面，缺少发展动力，由于思政课教学结果在考核、奖励、职称等方面应用不足，教师缺少提升思政课教学的积极性、主动性。

（3）在任务目标上，西部高校更偏重于思政课教学任务的完成，而东部高校更偏重于思政课教学与研究。西部高校思政课教师的教学任务普遍较重，思政课教学中缺少教师发展与能力提升的目标。

（4）在体制机制上，东部高校思政课教学质量和水平提升主要依靠系统化制度和完善的机制，西部高校主要靠督导和检查，思政课教学质量提升的体制机制不完善。

（5）教师队伍建设上，西部高校高水平和骨干思政课教师少，专家型教师更少，在学历、职称、教学与研究能力上均低于东部高校。西部高校思政课教师总体收入低于东部高校思政课教师，发展平台、发展机会偏少，不利于留人和个人发展提高。

(6) 在学生结构上，西部地区少数民族学生比例高，乡村和农牧区学生也占有一定比例，整体知识文化素质低于东部学生，语言、风俗习惯、生活学习特征等都会影响思政课学习的效果。

(7) 在教学研究上，西部高校各类项目立项低于东部高校，重大项目等只有“双一流”学校有几项(如没有国家政策倾斜会更少)。西部高校思政课教师开展研究的主要动因是评聘职称，东部高校已经逐渐转化为绩效考核、教学必需和发展自觉。

问题三：您认为东西部高校思政课教学发展不平衡不充分的原因是什么？

共识性结论如下：

(1) 学校管理水平限制。西部高校整体管理水平有限，思政课教学水平受学校整体发展和管理所限，质量和水平与教学管理水平成正相关。西部高校思政课教学承担了除教学之外的专门化开展民族团结教育、淡化宗教消极影响、反对分裂等内容，思政课教学内容多、任务重，思政课教学管理水平有限造成了教学质量提升难度较大。

(2) 制度建设没有系统性。西部高校思政课制度建设系统化不足，基本上针对一项政策、一项措施，只能单独研究、专题解决，需要从学校整体层面来研究解决，无法依靠规范化制度和有序高效的体制机制解决。思政课建设的顶层设计和规范化的管理体制欠缺，需要重点从制度层面予以构建。

(3) 没有遵循发展规律。思政课教学质量和水平提升有内在规律，学科建设、专业发展、课程支撑、教学改革创新、师资队伍建设等构成了发展整体，但西部高校重视环节而忽视了整体，没有注重遵循学科建设与教学发展的规律，造成西部高校始终在发展基础、发展能力和内涵发展上与东部高校存在差距。

(4) 考核评价缺失。西部高校思政课教学建设中与东部高校又一较大差距是考核评价缺失或形同虚设。对思政课教学全过程的考核监控、教学结果的运用、教学质量的持续改进等方面缺少针对性和精细化管理，削弱了思政课教学质量和水平提升的抓手和着力点。

(5) 资源约束性强。除国家倾斜性、扶持性的政策与项目资源外，西部地区经济社会发展的实际决定了对高校思政课教学的资源投入，西部高校思政课建设资源较东部高校匮乏，在资源投入上与东部高校差距较大，从根本上造成了东西部高校思政课发展不平衡不充分现象。

问题四:您认为解决东西部高校思政课教学发展不平衡不充分的关键措施有哪些?

(1) 加强政策执行力度。完整、准确、深入地贯彻党和国家关于思政课教学的政策是提升西部高校思政课教学质量和水平的关键,围绕政策要求开展思政课建设既确保发展方向和目标,又能通过多样化、系统性措施提升发展能力。

(2) 加强体制机制建设。注重马院和学科建设,注重对思政课教学管理的整体设计,依靠制度形成科学有效的管理体制和机制,才能确保思政课教学质量有效、高效持续提高。

(3) 加强组织机构建设。西部高校对思政课教研室重视不足,在机构、人员、管理上配备不完善,需要加强思政课教学"关键点""落脚点"的建设,强化思政课教学的基层组织。

(4) 加强教师队伍建设。在现有的对口支援、支援马院建设和马院共建的基础上,扩大思政课教师学历提升、短期进修、学术交流渠道和规模,提升西部高校思政课教师自主发展的内生动力,激发思政课教师队伍活力。

(5) 培养改革创新能力。树立发展导向,积极推动思政课改革创新,在马院建设、学科建设、课程教学、教师发展等方面打破束缚,设定发展目标,针对发展目标进行改革创新,切实提升发展实效。

如何有效解决东西部高校思政课教学发展不平衡不充分的问题,成为新时代思政课教学发展的重点问题,只有解决好西部高校思政课教学质量和水平偏低的短板,才能实现全国高校思政课教学质量的整体提升,实现新时代思政课教学的高质量发展。

第二节　西部高校与全国平均水平比较研究

西部高校思政课教学质量和水平既在西部省区间、西部省区内部高校间和东西部高校间的比较中得到反映,也在全国思政课建设的整体比较中呈现出来。为更为客观、准确地研究西部思政课教学质量和水平,要从国家全面加强思政课建设的整体来衡量西部高校思政课建设情况。通过全国思政课建设的各类专项中西部高校立项的数量,深入分析西部高校思政课建设在全国的情况。统计范围涵盖了西南五省区：重庆、四川、云南、贵州、西藏，西北五省区：陕西、甘肃、青海、新疆、宁夏，以及内蒙古、广西等西部地区。数据力求精准，突出研究的准确性和客观性。统计时间范围主要为2020年至2022年间的立项项目。国家社科基金高校思政课研究专项和全国高校思政课教学展示暨优秀课程观摩活动，2022年正在开展和尚未开展的，使用了2019年的数据，主要选取近三年最新数据。首先，根据西部高校在全国的数量比例设定衡量标准；其次，对全国思政课建设专项中西部高校立项数量进行统计分析，计算出所占比例；最后，通过对比分析西部高校思政课建设的具体情况。

"截至2022年5月31日，全国高等学校共计3013所，其中：普通高等学校2759所，含本科院校1270所、高职（专科）院校1489所。成人高等学校254所。不包含港澳台地区高等学校。"[①]西部地区普通高校740所，占全国的26.8%，其中，本科院校309所，占全国本科院校的24.3%；高职（专科）院校431所，占全国高职（专科）院校的28.9%。其中，内蒙古54所（本科17所）、广西85所（本科38所）、重庆70所（本科26所）、四川134所（本科53所）、贵州75所（本科29所）、云南82所（本科32所）、西藏7所（本科4所）、陕西97所（本科57所）、甘肃49所（本科22所）、青海12所（本科4所）、宁夏20所（本科8所）、新疆55所（本科19所）。不含成人高等学校，仅以普通高等学校（不包含港澳台地区高等学校）数量比例26.8%、本科院校数量比例24.3%、高职（专科）院校数量比例28.9%，作为基准参考值，以进行对比研究。

一、思政课建设基础

在思政课建设与发展的基础方面，选择了全国重点马克思主义学院、思政课名师工作室、思政课创新中心、思政课虚拟仿真体验教学中心和集体备课平台作为比较内容，进行比较分析。

（一）马克思主义学院

2015年，中宣部、教育部印发了《普通高校思想政治理论课建设体系创新计划》，提出了全国重点马克思主义学院建设计划。截至2019年8月，全国重点马克思主义学院共有37所，西部高校共有7所。见表1。

① 全国高等学校名单.教育部网站，2022年6月17日。

表 1 全国重点马克思主义学院统计表

全国总量	重庆	四川	云南	贵州	西藏	陕西
37	1	1		1		1
西部总量	甘肃	青海	新疆	宁夏	内蒙古	广西
7	1		1			1

西部高校全国重点马克思主义学院数量占全国的 18.9%，数量少、比例低。按东中西部重点马院分布，西部地区没有重点马院的省区最多。重点马院主要建在“双一流”高校，体现了高校发展和学科发展的整体优势，也进一步提升了所在高校的学科发展水平，辐射带动了省内马克思主义理论学科建设、思政课教学质量和水平呈现提升趋势。

（二）集体备课平台与名师工作室

在教育部“高校哲学社会科学繁荣计划专项”中设立了高校思想政治理论课建设项目，2021 年底公布了 2020—2022 年高校思想政治理论课建设项目。项目主要包括全国高校思政课“手拉手”集体备课中心、名师工作室、思政课创新中心、思政课虚拟仿真体验教学中心等项目。这些项目的立项对思政课发展具有重要平台支撑作用，能够充分释放对思政课教学的提升作用，还具有一定的改革创新意义。项目的评审立项反映了立项高校的思政课建设能力和水平，项目立项数量也间接反映了省区思政课建设的整体水平。

集体备课中心和名师工作室的立项在竞争中考虑了地区均衡，申报时在数量上做了限制，但也具有一定的比较意义。西部高校全国高校思政课“手拉手”集体备课中心共 9 个，占全国的 28.1%。见表 2。

表 2 2020—2022 年全国高校思政课“手拉手”集体备课中心统计表

全国总量	重庆	四川	云南	贵州	西藏	陕西
32	1	1	1	1		2
西部总量	甘肃	青海	新疆	宁夏	内蒙古	广西
9	1		1			1

西部高校全国高校思政课名师工作室共 20 个，占全国的 29%，见表 3。集体备课中心和名师工作室的比例高于 26.8%的参照值，反映出西部高校思政课建设在此方面具有了较好的发展基础和平台。

表 3　2020—2022 年全国高校思政课名师工作室统计表

全国总量	重庆	四川	云南	贵州	西藏	陕西
69	3	3	2	2	1	2
西部总量	甘肃	青海	新疆	宁夏	内蒙古	广西
20	1	1	3	1		1

（三）思政课创新中心与教学中心

与集体备课中心和名师工作室相比较，思政课创新中心与思政课虚拟仿真体验教学中心充分体现了思政课改革创新的最新发展趋势，具有很强的探究性质。全国高校思政课创新中心涵盖了“习近平新时代中国特色社会主义思想概论”“马克思主义基本原理”“毛泽东思想和中国特色社会主义理论体系概论”“中国近现代史纲要”“思想道德与法治”“形势与政策”“中国马克思主义与当代”7 门课程，立项高校为中国人民大学、华中师范大学、北京大学、浙江大学、复旦大学、南京师范大学、西南交通大学，山东商业职业技术学院与复旦大学为全国高校“思想道德与法治”教学创新中心，立项高校中只有 1 所职业院校。见表 4。

表 4　2020—2022 年全国高校思政课创新中心统计表

全国总量	重庆	四川	云南	贵州	西藏	陕西
8						1
西部总量	甘肃	青海	新疆	宁夏	内蒙古	广西
1						

全国高校思政课虚拟仿真体验教学中心立项高校为北京理工大学、西南财经大学、天津大学、上海交通大学和华南理工大学等 5 所高校，重心偏重于信息技术与思政课教学的融合，具有较强的前沿性。数量统计见表 5。

表 5　2020—2022 年全国高校思政课虚拟仿真体验教学中心统计表

全国总量	重庆	四川	云南	贵州	西藏	陕西
5		1				
西部总量	甘肃	青海	新疆	宁夏	内蒙古	广西
1						

西部高校全国高校思政课创新中心数量占全国的 12.5%、西部高校全国

高校思政课虚拟仿真体验教学中心数量占全国的20%，两者总数量占全国的15.4%。数据反映出西部高校在思政课改革创新、前沿发展方面在全国较为滞后，发展能力相对较弱。

二、思政课教学能力

2019年、2021年教育部举办了两届全国高校思想政治理论课教学展示暨优秀课程观摩活动，展示各地各高校思政课优质课堂建设成果和改革创新成效。全国高校和思政课教师积极参加思政课教学展示活动，活动产生了特等奖、一等奖和二等奖，在一定程度上代表全国各省份高校思政课教学质量和水平。任鹏等基于首届全国高校思政课教学展示活动的公开数据，研究发现“东、中、西部教师在获奖数量和获奖等第方面的差异，一定程度上反映出各地思政课教学水平的梯度”，认为教师所在学校和学科平台、科研能力、地区分布是高校思政课教学水平的重要影响因素①。通过对全国高校思想政治理论课教学展示活动获奖数据的分析，揭示西部高校思政课教学整体水平。

思政课教学展示活动分本科院校组和高职高专组，两届思政课教学展示活动中，本科组思政课分为“马克思主义基本原理概论”“毛泽东思想和中国特色社会主义理论体系概论”“思想道德修养与法律基础”“中国近现代史纲要”“形势与政策”“中国特色社会主义理论与实践研究”“中国马克思主义与当代”课程教学展示活动组。第一届思政课教学展示活动中“形势与政策”课为本专科混合，第二届本专科分组开展。本科组奖次获奖教师数量统计见表6～表8。

表6　2019—2021年全国高校思想政治理论课教学展示活动特等奖统计表

全国总量	重庆	四川	云南	贵州	西藏	陕西
60	3	6	2	1		2
西部总量	甘肃	青海	新疆	宁夏	内蒙古	广西
16						2

① 任鹏，武贵秀. 高校思想政治理论课教学水平的影响因素及提升策略——基于首届全国高校思想政治理论课教学展示活动的回顾性研究[J]. 思想理论教育，2021(3)：70-75.

表 7　2019—2021 年全国高校思想政治理论课教学展示活动一等奖统计表

全国总量	重庆	四川	云南	贵州	西藏	陕西
166	3	15	3	3		10
西部总量	甘肃	青海	新疆	宁夏	内蒙古	广西
41			1	2	3	1

表 8　2019—2021 年全国高校思想政治理论课教学展示活动二等奖统计表

全国总量	重庆	四川	云南	贵州	西藏	陕西
331	9	17	10	9	1	30
西部总量	甘肃	青海	新疆	宁夏	内蒙古	广西
107	2	3	10	2	3	11

本科组西部教师特等奖数量占全国特等奖总数的 26.7%，一等奖数量占全国一等奖总数的 24.7%，二等奖数量占全国二等奖总数的 32.3%，西部本科院校获奖数量在全国获奖数量比例为 29.4%。以 24.3%的西部本科院校占全国本科院校数量比例为参照，西部本科院校思政课教学水平高于全国平均教学水平，集中反映了西部本科院校思政课教学质量和水平。

思政课教学展示活动高职高专组分为“毛泽东思想和中国特色社会主义理论体系概论”“思想道德修养与法律基础”“形势与政策”等课程组，奖次获奖教师数量统计见表 9～表 11。

表 9　2019—2021 年全国高校思想政治理论课教学展示活动特等奖(高职高专)统计表

全国总量	重庆	四川	云南	贵州	西藏	陕西
34	2	2	2			1
西部总量	甘肃	青海	新疆	宁夏	内蒙古	广西
9						2

表 10　2019—2021 年全国高校思想政治理论课教学展示活动一等奖(高职专科)统计表

全国总量	重庆	四川	云南	贵州	西藏	陕西
61		3	2	1		4
西部总量	甘肃	青海	新疆	宁夏	内蒙古	广西
11						1

表 11　2019—2021 年全国高校思想政治理论课教学展示活动二等奖(高职高专)统计表

全国总量	重庆	四川	云南	贵州	西藏	陕西
132	5	9	5	2		4
西部总量	甘肃	青海	新疆	宁夏	内蒙古	广西
41	2		3	4	3	4

高职高专组西部教师特等奖数量占全国特等奖总数的 26.5%，一等奖数量占全国一等奖总数的 18%，二等奖数量占全国二等奖总数比例为 31.1%，西部高职高专院校获奖数量在全国获奖数量的 26.9%。以西部高职(专科)院校数量占全国高职(专科)院校数量比例 28.9%为参照，西部高职(专科)院校思政课教学质量和水平略低于全国平均教学水平，集中反映了西部高职(专科)院校思政课教学质量和水平。

在两届思政课教学展示活动中，西部高校共 225 人获奖，占全国获奖教师数量的 28.7%，高于西部高校占全国高校数量比例(26.8%)，总体反映出西部高校思政课整体教学质量和水平并不低于全国平均水平，也充分反映出全国高校思政课教学质量和水平持续提升的总体发展趋势。但从获奖层次结构上看，西部高校的特等奖和一等奖人数和比例略低，二等奖人数最多、比例最高，西部高校思政课教学质量和水平还需不断夯实。西部高校总体成绩相对优异的重要原因还在于西部高校的高度重视，在获活动组织奖的 21 所高校中，西部高校共有 9 所、占比 42.9%，足见西部高校对全国思政课教学展示活动的重视程度。

三、思政课教学研究

国家对思政课教学研究给予了大力支持，教育部设立了高校思想政治理论课教师研究专项，国家社科基金设立了高校思政课研究专项，全力推动思政课教学研究。这两项专项研究项目成为思政课教学研究的“风向标”，也是评价思政课教学和思政课教学研究的重要指标，能够客观科学地反映全国高校和西部地区高校思政课教学研究水平。

教育部高校思想政治理论课教师研究专项主要包括：重大课题攻关项目、教学研究项目、教学方法改革择优推广项目、优秀中青年思政课教师择优资助项目。年度项目略有差异，不影响统计分析。见表 12。

表 12　2020—2022 年高校思想政治理论课教师研究专项统计表

全国总量	重庆	四川	云南	贵州	西藏	陕西
530	21	22	6	3	1	26
西部总量	甘肃	青海	新疆	宁夏	内蒙古	广西
107	7		11	3	2	5

西部高校思想政治理论课教师研究专项近 3 年数量为 107 项，占全国总量的 20.2％，与西部高校占全国高校数量比例 26.8％相比，西部高校在思政课教学研究方面的差距较大。在国家社科基金的对比上，选取了 2019—2021 年的立项数据，西部高校立项总量为 99 项，占全国总量的 21.9％，仍低于 26.8％的参照数值。见表 13。

表 13　2019—2021 年国家社科基金高校思政课研究专项统计表

全国总量	重庆	四川	云南	贵州	西藏	陕西
453	8	17	9	9	5	20
西部总量	甘肃	青海	新疆	宁夏	内蒙古	广西
99	4	2	13	2	4	6

西部高校在全国高校思政课名师工作室、“手拉手”集体备课中心、教学展示活动方面与全国平均水平持平或高出，在全国重点马院、全国高校思政课创新中心、思政课虚拟仿真体验教学中心、思政课教师研究专项、国家社科基金思政课研究专项方面低于甚至远低于全国平均水平。从全国思政课教学与研究的各类项目立项情况分析来看，基本上能够反映和说明西部高校思政课建设和教学质量整体水平。虽然有政策倾斜，各高校重视程度、项目申报周期、项目不得兼报、未统计马学科等方面研究专项等影响因素，但为相对量化和精准认识西部高校思政课教学质量和水平，更为深入研究思政课教学发展不平衡不充分的现象提供了重要视角和渠道。

第三节　高校思政课教学发展不平衡不充分研究

通过西部高校间、西部省区间、东西部高校、西部与全国思政课教学的比较，全面了解和进一步揭示了全国高校思政课发展不平衡不充分现象。一方面，比较研究通过描述性分析比较、专家访谈与沉浸式的体验化比较、相对粗线条的量化比较，印证了西部省区和西部高校间存在发展差异的情况，印证了东西部思政课教学发展的不平衡不充分情况，更为精准地揭示了思政课教学发展的不平衡不充分问题；另一方面，基于思政课教学发展的不平衡不充分客观情况，深入揭示了思政课教学发展的梯队式特征，能更为准确地把握西部高校和全国高校思政课教学的发展特征和规律，有利于全面提升新时代思政课教学质量和水平。

一、西部省区高校思政课教学发展的不平衡不充分

通过描述性分析比较和全国思政课建设项目立项比较，西部省区间高校思政课教学发展中存在明显的不平衡不充分情况。以全国思政课建设项目立项数量的西部省区间结构性数量比较可以明显发现不平衡性，表 1 至表 13 中，陕西、四川、重庆等 3 个省市项目立项数量相对最多，在各类思政课建设项目中均有较强的竞争力，与东部省份相比同样具有竞争优势，甚至强于一些东部省份。西藏、青海项目数量最少，在 10 项以内，与陕西、四川、重庆差距较大。甘肃、内蒙古、宁夏项目数量在 20 项以内，新疆、云南、广西、贵州项目数量在 20～50 项之间。西部高校思政课教学在发展上层次性较为明显，特别是陕西、四川、重庆等第一梯队省市与西藏、青海等最后梯队省区呈现两极分化的特征，鲜明体现了西部省区高校思政课教学发展的不平衡不充分情况。

基于表 1～表 13 中西部高校省份间项目数量分析，正是陕西、四川、重庆以及新疆、云南等省份的项目数量拉高了西部高校的整体数量；在基于项目数量的比例比较中，西部高校思政课教学质量和水平呈现出略高的情况。甘肃、内蒙古、宁夏省区的项目数量也较少，从全国整体情况看，也处于偏低水平。而西藏和青海不但在西部省区中在项目数量和思政课教学质量与水平上最低，在全国也处于最低水平，成为全国高校思政课教学质量和水平提升的短板。

二、东西部高校思政课教学发展的不平衡不充分

基于深入的比较分析研究，东西部高校思政课教学发展的不平衡不充分情况客观存在，而且将长期存在、解决难度较大。要有效解决全国高校思政

课教学发展不平衡不充分的问题，需要深入、精确地认识和研究不平衡不充分的具体情况，才能找准问题、解决问题。

一是东西部高校思政课教学发展不平衡不充分情况，在不同层面上有不同的表现。具体而言，可将思政课教学质量和水平分为教学基础层面、教学研究层面和改革创新层面。在思政课教学基础层面，西部高校达到了全国平均水平，教学质量达到了国家政策要求标准，具有全国一致性。在思政课教学研究层面，西部高校整体水平低于全国平均水平，国家政策在此方面给予倾斜扶持，虽然整体上有较大幅度提升，但思政课教学研究能力与东部高校仍有差距，具有不平衡不充分特征。在思政课教学改革创新层面，西部高校与东部高校相比差距较大，东部高校思政课改革创新能力较强，从全国思政课教学发展来看，东部高校通过改革创新引领了全国高校思政课教学发展，而西部高校处于“跟跑”状态，思政课教学改革创新能力严重不足，发展的不平衡不充分表现较为明显。思政课教学基础层面的一致性主要是由国家政策效应所奠定的，也充分体现了思政课政策的实效。思政课教学研究和改革创新层面的不平衡不充分，主要是由区位优势、历史积淀、学科与科研平台、人才支撑等因素造成的，根本原因在于东西部地区发展的不平衡。

二是东西部高校思政课教学发展不平衡不充分情况，在不同省区和高校有不同的表现。一方面，西部高校中“双一流”高校与东部省份“双一流”高校代表了学科建设和高校建设的最高水平，西部“双一流”高校思政课教学质量和水平在一定程度上也代表了全国最高水平。但西部“双一流”高校和全国重点马院在思政课教学方面发挥引领和带动作用不够显著，与东部“双一流”高校和全国重点马院建设的“溢出”效应相比尚有较大差距；另一方面，西部省区间高校思政课教学质量和水平存在明显梯度，陕西、四川、重庆等省市思政课教学质量和水平不仅在西部领先也处于全国前列。但同时存在西藏、青海等省区思政课教学自主发展能力弱和整体水平提升难度大的“短板”，西部省区间高校思政课教学存在“极端”化情况，与东部省份高校思政课教学相对均衡化发展有较大区别。

东西部高校思政课教学发展不平衡不充分，主要体现在西部高校思政课教学平均水平上，特别是在研究和改革创新层面上与东部高校有明显差距，以及个别西部省区短板明显且长期存在、西部省区内部“极端”化明显等方面。所以，东西部高校思政课教学发展不平衡不充分，要从具体层面深入剖析，既有全国均衡发展的方面，也有不平衡的方面，呈现出均衡与不均衡、充分与不充分并存交织且动态变化发展的特点。

三、全国高校思政课发展的梯队式特征

2022年3月17日，教育部新闻发布会介绍三年来贯彻落实学校思想政治理论课教师座谈会精神工作进展成效，总结了思政课建设的成效：一是加强党对思政课建设的全面领导，形成合力办好思政课的工作格局；二是聚焦铸魂育人，大力推进习近平新时代中国特色社会主义思想进教材、进课堂、进头脑；三是坚持固本强基，思政课教师队伍建设实现历史性突破；四是注重资源共建共享，加快推进信息化建设[①]。思政课建设取得的成效是全面的、显著的，要客观看待、正确认识东西部高校思政课教学发展不平衡不充分现象，不能因此忽略全国高校思政课建设取得的显著成就，更不能忽视甚至否定西部高校思政课教学质量和水平提升的成绩。

东西部高校思政课建设发展的不平衡不充分现象，不应也不能完全作为“问题”和“负面”来认识，要从全国高校思政课教学质量不断提升的发展整体来研究，即在全国高校思政课教学质量和水平整体提高且不断提升的背景下，东西部高校思政课发展不平衡不充分的现象变化和转化为全国思政课教学的梯队式发展特征。其要点有以下几个方面：

在根本原因方面，由于东中西部发展差距造成了高校思政课发展呈现出鲜明的区域性特征，西部地区教育发展相对落后于东部地区，教育资源不均衡造成了高校思政课发展不均衡，区域性差异成为全国高校思政课梯队式发展的典型特征。

在发展规律方面，绝对平衡充分的发展基本不存在，梯队发展形成一定差异度，有利于增强发展动力，东西部高校思政课发展的“落差”形成了一定程度的发展动力。东西部高校思政课发展的不平衡不充分也是全国高校思政课发展“竞争”的必然结果，也为全国思政课发展提供了基本的竞争与合作前提和环境。

在发展阶段方面，可将思政课教学发展分为改革创新、稳步发展与质量达标三个阶段，一方面，与全国东中西发展格局相对应，东部高校大体上处于

---

① 介绍三年来贯彻落实学校思想政治理论课教师座谈会精神工作进展成效新闻发布会，教育部网站，2022年3月17日。

改革创新的发展阶段,中部和西部一些高校大体上处于稳步发展阶段,西部高校大体上处于质量达标阶段;另一方面,基于本专科高校的层次定位,思政课教学差异和层次也必然存在,本科高校偏重于思政课理论研究,专科院校偏重于实践教学,不同的层次与定位也体现了梯队式的发展特征。

在教师队伍方面,全国高校思政课一盘棋,在师资队伍数量均衡与充分发展的基础上,马克思主义理论专家、知名学者、骨干教师、中青年教师等呈现了梯队式发展特征,而且还具有东西部区域发展特点,也成为全国高校思政课梯队式发展的鲜明标志。

比较研究揭示了西部省区间和东西部高校间思政课教学发展的不平衡不充分的现状,深入揭示了这种不平衡不充分发展的复杂性,需要从梯队式发展特征来重新认识、解决问题与推动发展。从东中西部区域发展的特征看,东西部高校和西部省区间高校思政课教学发展的梯队式特征还将长期存在,在全国思政课教学质量和水平整体提升中还将持续存在,省区间和高校间思政课教学质量和水平也将有升降调整,但梯队式发展格局与特征将会持续并发展。由不平衡不充分到梯队式发展,西部省区间、西部高校间和东西部高校间的竞争与合作将更为深入,全国思政课一盘棋共同发展仍是主题,通过梯队式发展模式将实现全国高校思政课教学质量和水平的持续提升。

第七章

关键影响因素研究

通过实践调研、问题与原因分析、比较研究发现，西部高校思政课教学质量和水平的影响因素较多，既有全国一般性特征，又更多体现出西部地区的特殊性，深入研究影响因素及其作用机制尤为重要。问卷与访谈相结合，在西部高校思政课教学特殊性研究的基础上，从提升西部高校思政课教学质量和水平影响因素中筛选出关键影响因素，即政策、学校措施、马院与学科建设、教师队伍、学生特征、教学方式、家庭与社会等 7 个关键影响因素。其中，家庭与社会关键影响因素从特殊性研究中筛选得出，充分体现了西部高校思政课教学中的特殊性，对思政课教学质量和水平影响较大，增列为关键影响因素。在比较研究与特殊性研究的基础上，深入研究关键影响因素，进一步揭示西部高校思政课教学质量和水平提升的关键问题。

第一节　关键影响因素的作用机制

关键影响因素对西部高校思政课教学质量和水平的作用，在不同省区、不同学校、不同时期与阶段有差异和不同，研究撇开这些具体、个体和极为特殊的情况，从西部高校普遍性特征入手研究关键影响因素的作用。依据关键影响因素的作用构建作用机制模型，通过作用机制模型深入分析关键影响因素如何对思政课教学质量和水平产生影响，进而理清关键影响因素的作用机制。

一、关键影响因素分析

西部高校思政课教学质量和水平的7个关键影响因素作用各不相同，作用发挥的渠道各异，需要具体分析。政策因素是较为特殊的关键影响因素，对西部高校思政课教学发挥着关键甚至决定性作用。西部高校乃至全国高校思政课教学因国家政策而发展，政策是思政课发展建设的最直接动因，影响和决定着思政课的全部。政策因素又是思政课发展建设的顶层设计，从国家最高层面来规划思政课，指导思政课教学，对思政课教学提出要求。思政课教学本质上就是贯彻执行政策，达到政策的要求。所以，政策因素是思政课教学质量和水平提升的根本动因、决定性因素，发挥着指导和指挥作用。

学校措施、马院与学科建设因素属于学校层面，是对思政课教学发挥基础性的规划、指导、推动作用的影响因素，也是学校关于思政课教学的顶层设计与举措、措施相结合的重要影响因素。学校措施与国家政策和省区政策相衔接，把政策具体化，体现了对政策的贯彻与执行，根据政策要求结合学校实际付诸行动，成为政策作用发挥的重要渠道。同时，学校措施也包括了学校层面制定的政策、采取的措施，相较于国家和省区层面的政策更具有微观性，纳入举措之中未单列为影响因素。学校措施除了贯彻政策以外，还具有本校思政课教学的规划，突出本校思政课教学的特征与特色，实施具体的思政课教学管理等方面内容，具有承上启下的支撑与基础作用。马克思主义学院与马克思主义理论学科建设，对思政课教学的重要性、决定性影响不言而喻，但综合西部高校的实际情况看，很多高校尚未建立马院、没有马学科，思政课教学在组织架构上更多依靠教学部门和教研室，教学更多依靠专业与课程，学校思政课教学措施发挥着更为直接的作用。所以，将马院与马学科建设合为一项关键影响因素，其与学校措施一样列为发挥支撑和基础作用的因素之列。

教师队伍、学生特征、教学方式这3项关键影响因素主要为思政课课堂教学的构成要素，对思政课教学质量和水平的影响最为直接，属于内部影响因素和直接影响因素。在各项关键影响因素中与思政课教学质量和水平"距离"最近、最为密切，一定程度上也是构成思政课教学质量和水平的重要内容和因素。教师队伍和学生特征由教师和学生思政课教学的主体而来，是思政课教学的核心要素，思政课教学质量和水平由双方及其关系所决定。教学方式关键影响因素综合了课堂教学方法、实践教学、线上教学以及考试方式等内容，主要意指教师与学生之间的沟通交流与联系链接的渠道、方式及媒介等，并非狭义上的教学方式。教学方式很大程度上决定了师生间互动的有效性，直接关系到思政课课堂的教学效果，对提升思政课教学质量意义重大。教师队伍、学生特征和教学方式是相对完整的整体，三者的联系最为紧密，缺少一方，思政课教学便无法存在。教师队伍、学生特征和教学方式也是政策、学校措施、马院与学科建设的重要内容，政策、学校措施、马院与学科建设推动思政课教学质量和水平提升需要从教师队伍、学生特征和教学方式等方面发力才能释放作用，从思政课教学质量和水平提升整体而言，教师队伍、学生特征和教学方式是重要的着力点。

家庭与社会属于思政课教学影响的外部因素，其重要性在于对西部高校思政课教学而言，集中体现了西部地区的特殊性，也决定了西部高校思政课教学的特殊性。家庭与社会关键影响因素体现了西部高校学生所处的西部社会环境，以及政治、经济、文化等整体对西部高校教学特别是思政课教学的影响。家庭着重体现了西部高校学生成长的又一重要环境，家庭背景中也包含了民族、宗教、风俗习惯、语言文化等方面的特殊性，及其对思政课教学特别是对少数民族大学生思政课学习及思想的影响。研究中考虑家庭教育、社会教育与学校教育的对等关系，把家庭与社会合为一项要素，作为重要的外部关键影响因素。

二、关键影响因素的作用机制模型

根据对关键影响因素的分析，构建西部高校思政课教学质量和水平关键影响因素的作用机制模型，如图 2 所示。

模型反映了关键影响因素对思政课教学质量和水平产生影响的主要情况。政策因素除对家庭与社会因素没有直接的影响外，对其他所有因素均有相对直接的影响。学校措施处于中间环节，承上启下，对学校马院与学科建设、教师队伍、学生特征、教学方式都有直接影响。马院与学科建设受学校措施和政策影响，直接将政策与学校措施转化为对教师队伍、学生特征、教学方式的影响，进而影响教学质量和水平。教师队伍、学生特征、教学方式与西部高校思政课教学质量和水平直接相关，教师通过教学方式对学生特征产生影响，直接关系到学生思政课学习效果和思政课教学实效。家庭与社会相对直接对学生特征产生影响，进而影响到思政课教学质量和水平。

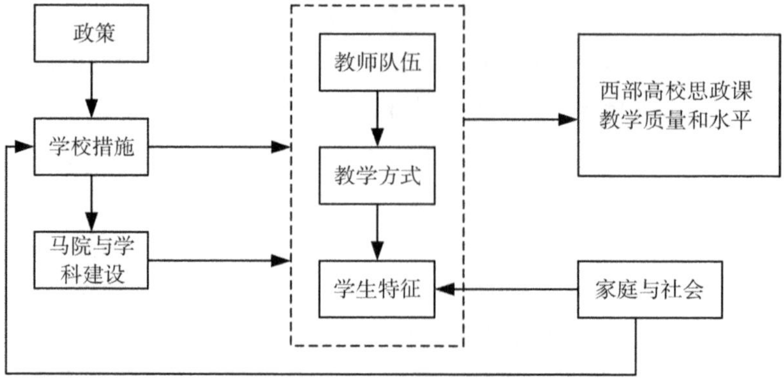

图 2　西部高校思政课教学质量和水平关键影响因素的作用机制模型

关键影响因素对思政课教学质量和水平的影响与作用的程度、路径差异较大，各关键影响因素之间也存在相互作用的情况，在相互作用的基础上对思政课教学质量和水平产生影响。具体而言，对思政课教学质量和水平的作用和影响，可以分为直接影响和间接影响，为深入研究关键影响因素清晰的作用路径，重点研究直接影响。如政策因素在内容上包括了其他关键影响因素，也对其他关键影响因素发挥或直接、或间接的影响，但研究重点在于理清政策因素作用于思政课教学质量和水平的路径，间接作用不做深入研究。同时，直接影响还包括主要影响和次要影响，如家庭与社会因素对学生特征发挥直接影响，同时对学校措施、教师队伍、教学方式也产生影响，但这种影响相对次要，在研究中对次要影响也不做深入研究。同样，教学质量和水平也受到政策、学校措施、马院与学科建设、家庭与社会的影响，而这方面的影响相对间接和次要，忽略这些次要和间接性影响有利于深刻而清晰地揭示关键影响因素的作用机制。所以，在模型构建过程中，以及对模型所揭示的作用机制的研究中，主要研究的是直接的、主要的影响，以清晰揭示西部高校思政课教学质量和水平关键影响因素的作用机制。

三、关键影响因素的作用机制

从图 2 西部高校思政课教学质量和水平关键影响因素的作用机制模型，总结出关键影响因素作用机制主要有 3 条路径。

一是政策因素通过对学校措施、马院与学科建设影响，作用于教师队伍、教学方式和学生特征，进而影响思政课教学质量和水平。这条作用机制路径层次清楚，相互之间的关系具体，是影响西部高校思政课教学质量和水平作用机制的主要路径。

二是家庭与社会因素通过对学生特征的影响，作用于教师队伍、教学方式和学生特征的相互关系，进而影响思政课教学质量和水平。这条作用机制的路径主要体现了西部思政课教学受到学生家庭教育和社会环境的影响，外部特征和西部地区特殊性明显，学校对该作用机制路径的管理难度较大。

三是教师队伍、教学方式和学生特征构成教学整体，作用于思政课教学质量和水平。教师队伍作为实践主体，通过教学方式影响学生特征，三者联系互动，形成教学整体，与教学质量和水平直接相关。

这三条关键影响因素作用路径，呈现了西部高校思政课教学质量和水平作用机制，清晰表达了各关键影响因素在整体运行机制中所处的环节和所发挥的作用，能够深刻认识西部高校思政课教学质量和水平提升的关键。上述对关键影响因素作用机制的分析，仅揭示了作用机制运行的主要路径，尚无法深刻揭示因素之间的相互作用，以及各关键影响因素内部之间和与其他关键影响因素相互影响的情况，需要进一步深入研究机制及其运行情况。

第二节　关键影响因素的细分

基于对关键影响因素的分析、对作用机制的研究，关键影响因素可以归纳为决定性因素、支撑性因素、直接性因素和外部因素等大类，也可以界定为西部高校思政课教学质量和水平提升的一级关键影响因素。而政策、学校措施、马院与学科建设、教师队伍、学生特征、教学方式、家庭与社会可以界定为二级关键影响因素，二级关键影响因素揭示出西部高校思政课教学质量和水平提升的作用机制总体情况，而一级关键影响因素主要对二级关键影响因素的作用进行界定，属于对影响因素性质的描述。深入揭示西部高校思政课教学质量和水平作用机制的运行情况，需要对二级关键影响因素进行细分，从三级关键影响因素进一步研究机制运行。三级关键影响因素的细化，主要依据二级关键影响因素综合体现其他影响因素情况，以及构成二级关键影响因素的主体内容，并把发挥最直接、最主要的内容作为独立的三级影响因素。

一、决定性因素

政策因素主要包括了国家政策、省区级配套政策，以及政策的执行情况等因素。省区级配套政策主要是国家政策的延伸，意义和属性与国家政策一致，发挥的作用也基本相同。政策因素的决定性作用，主要是从政策在思政课建设的宏观层面而言的，思政课具有较强的国家意识形态属性，体现的是国家意志，与政策因素具有内在的共同性。国家推动思政课发展建设主要采取政策手段和措施，思政课教学也因政策而发展变化，政策属性极为显著，因此把政策因素作为决定性因素。鉴于政策因素的特性，国家政策与省区级配套政策的一致性，三级因素与二级因素性质与作用相同，不再对政策因素进行细化。

二、支撑性因素

支撑性因素主要是在学校层面保障和推动思政课教学的基础性因素，主要有学校措施、马院与学科建设两项关键影响因素。

（一）学校措施

学校措施主要依据国家和省区级政策制定实施，针对了学校思政课教学的实际。学校诸多提升思政课教学质量和水平的措施中，资金投入、教师激励、平台建设等对西部高校思政课教学影响最大。资金投入直接决定了思政课教学质量和水平提升的动力和保障问题，也是造成西部高校间、省区间甚至东西部高校间思政课教学发展不均衡的重要因素。西部高校思政课建设资金主要来源于国家、省区、学校，具有多元化的特征，但学校作为管理与使用的主体，直接关系到资金使用的有效性，对思政课教学影响最为直接和重要。

教师激励是学校推动思政课教学质量和水平提升的重要举措，直接关系到教师队伍作用的发挥。主要包括职称职务评聘、绩效考核与津贴分配、课堂教学退出机制等诸多方面内容，这些直接影响思政课教师是否有积极性、主动性和创造性。虽然这些内容偏重于物质层面，但对思政课教师发展至关重要，一定程度上决定了教师的发展基础和能力。

平台建设主要包括了学校推动思政课信息建设，开展对口支援、马院共建，以及校内思政课教指委及相关教学与研究机构、项目、合作交流等内容。这方面内容既与思政课教学息息相关，又对学科建设、教师队伍建设等至关重要，在学校措施中占有重要地位。西部高校在平台建设方面差异较大，部分本科院校和大部分专科院校平台建设匮乏，造成思政课教学质量和水平提升的基础、能力和潜力不足。

（二）马院与学科建设

马院与学科建设综合了马克思主义学院建设、马克思主义理论学科建设两项影响因素，主要考虑了本专科院校之间的差异，避免了因没有建立马院和开展马学科建设的高校在影响因素和机制研究中不适用的问题，能够从运行机制的整体性和科学性方面深入开展研究。考虑到未建立马院高校的实际，把马院建设因素扩展为马院与教研室建设，涵盖了本专科院校在思政课教学组织机构保障方面的全部情况。马院与教研室建设重点体现了组织机构方面的内容，部分西部高校在教研室建设方面规范性和力度不够，分课程教研室建设在一些高校中尚未实施，成为影响思政课教学质量和水平提升的重要因素。

马学科建设主要包括西部高校在马克思主义理论研究、硕士博士点建设、推动思政课教学改革创新等方面内容，偏重于思政课教学水平方面的考察。马学科建设是衡量高校特别是本科院校在马克思主义理论教学研究方面的重要指标，对思政课教学发展的支撑、促进作用较为明显，也是思政课教学内涵发展的关键。虽然，一些本科院校和大部分专科院校没有开展马学科建设，但马学科建设作为三级影响因素的列入并不影响作用机制的研究。

三、直接性因素

直接性因素主要包括教师队伍、学生特征和教学方式等关键影响因素，直接影响着思政课教学质量和水平。

（一）教师队伍

教师队伍主要包括教师结构、专业素养、积极性等内容，构成了教师队伍能力与素质的核心内容，也是西部高校思政课教师队伍建设的重点。教师结构主要指教师职称结构、年龄结构、学历结构等。在职称结构上，西部高校高级职称比例偏低、专家型思政课教师数量和比例偏低，对思政课教师队伍建设和思政课教学具有直接影响；在年龄结构上，呈现年轻化特征，容易拉近与学生的距离，短期效应不显著，但发展空间和潜力较大；在学历结构上，博士学历学位思政课教师相对较少，需要国家政策倾斜。这些内容直接影响着思政课教师队伍的整体能力素质，直接影响了思政课教学质量和水平的提升。

专业素养主要考察思政课教师的学科专业背景，西部高校中有一部分思政课教师缺少马克思主义理论、党史等相关学科专业背景，教学研究能力不足，在专业素养方面亟待提升。同时，有相关学科专业背景的思政课教师在思政课教学研究的能力和水平方面仍需提高，才能够应对西部高校思政课教学中教学目标与任务多重性、学生主体差异等特殊性，以较强能力和较高水平切实提高思政课教学质量和水平。

积极性主要指思政课教师的积极性、主动性和创造性。一方面，考察了思政课教师在教学中的精神状态，主动了解学生、深入学生，根据学生的需要有针对性地实施教学，积极提高教学效果，推动改革创新，较好地发挥了教师的关键和主导作用；另一方面，考察了思政课教师在教学中的发展，积极性、主动性和创造性发挥反映出思政课教师不断追求自我发展，有明确的发展导向，构成了思政课教师队伍发展的重要动力，体现了思政课教师队伍的发展趋势。

（二）学生特征

根据西部高校思政课教学中学生主体差异性的特殊性，对学生特征因素进行细分，主要分为学生结构、语言文化、思想态度、学习实效等维度。基于学生主体视角，选择列举对学生思政课学习实效影响最为直接、最为重要的因素进行研究。学生结构主要指学生民族构成情况，以及农牧区、城镇学生来源比例等情况。西部高校思政课教学中的突出特征是少数民族学生的数量和比重较多，在思政课教学主体特殊性显著的情况下，思政课教学也必然因学生的学习特征、学习需求而变化，直接关系到思政课的教学效果。

语言文化主要指从学生语言环境、成长背景等方面考察对思政课学习的影响。思政课教学中是否有效关注到学生这方面的特征，要有效克服语言思维导致的学习障碍，把特殊性转化为教学资源和教学特色，提高教学效果。

思想态度主要指学生对思政课的重视程度，在思政课学习中的主动性强，思想不断进步，政治素质不断提高。考察重点在学生思政课学习中原有的思想价值观念（主要来自家庭影响所形成的）、社会思想观念的影响等对思政课学习成效是否构成影响，同时，考察思政课教学对学生思想价值观念的影响，使学生牢固树立社会主义核心价值观，形成正确的世界观、人生观和价值观，能够抵御非马、反马等不良思想和社会思潮的渗透、侵蚀。

学习实效主要指学生在思政课学习中完成了思政课教学目标、任务，达到了规定的效果，不以分数作为衡量标准，思政课作为落实立德树人根本任务关键课程的作用得到充分体现。重点考察学生的满意度和获得感，在思政课学习中有收获、有进步，使命担当意识显著增强。学习实效影响因素是思政课教学质量和水平的重要指标，列为三级关键影响因素，一方面是因为其在教学质量中的重要性，另一方面是因为西部高校学生思政课学习中的特殊性，少数民族学生思政课学习预期与效果同思政课预设的目标有一定差异，对思政课教学效果产生影响。

（三）教学方式

对教学方式的细分，以西部高校思政课教学中教学目标与任务多重的特殊性为重要参考，考察通过教学方式的改变是否能够把特殊性有效转化为教学中的积极因素，进而提高教学效果。因此，把教学方式细化为课堂教学、实践教学、教学信息化、考试方式等内容，把教学方式包括的内容进行扩充和整合，以便能够与教师队伍、学生特征等共同把思政课教学质量最直接、最重要的各类因素分层分类，简洁明晰地纳入到影响因素之中。

课堂教学主要指思政课课堂教学主阵地、主渠道的作用发挥，也包括了在课堂教学中使用的案例式教学、专题式教学、探究式教学、体验式教学、分众式教学和互动式教学等教学方式。西部高校思政课课堂教学中更多地使用了上述教学方法，课堂外使用上述方法相对较少。课堂教学在思政课教学中比重最大，影响也最为重要，列为三级关键影响因素旨在更为有效地研究作用机制运行情况。

实践教学主要是指西部高校思政课教学中贯彻政策要求的情况、衡量思政课教学保障情况，以及有效利用当地资源构建“大思政课”开展全员育人情况。实践教学是较为受学生欢迎的思政课教学形式，学生的收获感、满意度最强，在实践中实现思想认识提高和理论理解深化。对西部高校学生特别是少数民族学生而言，实践教学更侧重体验、感悟、直观和形象化教学学习，更符合思维习惯和学习特征，学生参与度提高、主动性增强，教学实效明显。

教学信息化主要指西部高校思政课教学中开展的一系列信息建设和信息化手段在教学中的应用，从与思政课教学质量直接相关性而言，具体指西部高校开展的思政课线上教学。在疫情防控要求之下，思政课线上教学比重较大，对思政课教学质量的保障与提升构成了挑战。教学信息化考察西部高校思政课教学信息化水平与质量，直接关系到教学实效。

考试方式是教学的延伸，多样化的考试方式在引起学生重视、调动学生积极性、改变学生学习习惯、促进教师教学变革等方面有重要意义，对思政课教学质量和水平也有重要影响。考试方式主要考察思政课教师在思政课教学上的改革创新，改变西部高校思政课考试中“主要靠背”“关键一关”的现状，以有效的考试方式提高学生学习积极性和学习实效，有效提高和检验思政课教学质量和水平。

四、外部因素

家庭与社会主要包括了家庭教育和社会环境两个子因素，考虑到西部高校目前提升思政课教学质量中关于家庭和社会方面的措施较少，实际影响力和效果较弱的情况，且研究中没有把社会视角提升思政课教学质量和水平作为研究的重点，因此，不再细分三级关键影响因素。

为更深入研究作用机制，更有效解释各级各类关键影响因素的作用和影响，把西部高校思政课教学质量和水平细化为教学质量、教学水平两个层面。把思政课教学质量定位于思政课教学的基础层面，主要包括了政策落实、教学“达标”、学生获得感三个主要方面。其中，政策落实、教学“达标”主要考察西部高校思政课教学贯彻落实党和国家关于思政课教学系列政策、达到要求、符合标准等方面内容，与全国高校在思政课教学保持同标准、同要求、同发展；学生获得感主要考察西部高校思政课发挥落实立德树人根本任务关键课程的作用，在学生成长成才中起到了引领作用，学生满意度、获得感不断增强，对思政课认可度不断攀升。把思政课教学水平定位于思政课教学的发展层面，主要包括了西部高校思政课教学的特色建设、改革创新两方面内容，特色建设考察西部高校思政课教学中的主动性，结合地域资源和本校实际进行特色、模式化的教学探索，体现出自主发展能力。改革创新一方面体现西部高校按照政策要求推动思政课改革创新的情况，另一方考察西部高校思政课教学在夯实基础上的长足发展，持续提升思政课教学质量的制度、体制、机制发展完善情况，主要体现西部高校思政课教学发展能力、发展动力和高质量发展情况。

第三节　关键影响因素的综合作用机制

通过对西部高校思政课教学质量和水平关键影响因素的细分和深入分析，深化了对关键影响因素及其作用影响的认识，便于在西部高校思政课教学质量和水平关键影响因素作用机制的基础上开展深入研究。

一、综合作用机制模型

西部高校思政课教学质量和水平关键影响因素可分为三级，归纳如表14所示。

表14　西部高校思政课教学质量和水平关键影响因素表

<table>
<tr><th>一级关键影响因素</th><th>二级关键影响因素</th><th>三级关键影响因素</th></tr>
<tr><td>决定性因素</td><td>政策</td><td></td></tr>
<tr><td rowspan="5">支撑性因素</td><td rowspan="3">学校措施</td><td>资金投入</td></tr>
<tr><td>教师激励</td></tr>
<tr><td>平台建设</td></tr>
<tr><td rowspan="2">马院与学科建设</td><td>马院与教研室建设</td></tr>
<tr><td>马学科建设</td></tr>
<tr><td rowspan="11">直接性因素</td><td rowspan="3">教师队伍</td><td>教师结构</td></tr>
<tr><td>专业素养</td></tr>
<tr><td>积极性</td></tr>
<tr><td rowspan="4">学生特征</td><td>学生结构</td></tr>
<tr><td>语言文化</td></tr>
<tr><td>思想态度</td></tr>
<tr><td>学习实效</td></tr>
<tr><td rowspan="4">教学方式</td><td>课堂教学</td></tr>
<tr><td>实践教学</td></tr>
<tr><td>教学信息化</td></tr>
<tr><td>考试方式</td></tr>
<tr><td>外部因素</td><td>家庭与社会</td><td></td></tr>
</table>

西部高校思政课教学质量和水平关键影响因素分为三级,一级关键影响因素 4 个、二级关键影响因素 7 个、三级关键影响因素 16 个。根据作用机制模型和三级关键影响因素分析,构建西部高校思政课教学质量和水平关键影响因素的综合作用机制模型,如图 3 所示。

模型在原作用机制模型的基础上增加了三级关键影响因素及其相互作用的情况,清晰揭示了各层级关键影响因素之间的主要作用情况。一是模型呈现了西部高校思政课教学质量和水平提升的二级和三级所有关键影响因素,揭示了关键影响因素对思政课教学质量和水平的作用机制;二是模型反映了关键影响因素之间的相互作用关系,综合影响之下共同作用于思政课教学质量和水平;三是模型揭示出不同关键影响因素影响不同,作用强弱有差别,对发现制约思政课教学质量和水平提升的问题、实施有效的提升措施有重要参考。

二、综合作用机制分析

基于综合作用机制模型,深入分析综合作用机制,主要有以下内容:

一是支撑性因素作用显著。学校措施、马院与学科建设对教师队伍、教学方式及其所属的三级关键影响因素影响较多,具有一定的全面性。一方面,说明学校措施在西部高校思政课教学质量和水平提升中具有重要的推动作用,发挥着有效转化政策、落实政策的重要作用。如学校资金投入直接关系到实践教学和教学信息化,对教师队伍与学生特征中间环节影响较强,影响着两者之间互动实效。教师激励直接影响教师积极性,平台建设关系到教师专业素养和学生学习实效,进一步揭示了学校措施对教师和学生的影响。另一方面,马院与教研室建设直接影响教学方式,对课堂教学、实践教学、教学信息化、考试方式等发挥着重要的促进和推动作用,在教师队伍与学生特征的中间环节有间接性和基础性作用。马学科建设对教师队伍和学生特征产生总体上的影响,且影响具有全面性。

二是直接性因素作用情况最为复杂。其一,教师队伍、教学方式、学生特征整合与细分的三级关键影响因素最多,这些关键影响因素受到支撑性因素的影响,两个或多个因素间存在相互作用的情况,且能够影响到教学质量。其二,教师队伍既通过教学方式作用于学生特征,还可以直接影响学生特征中的具体因素,如教师结构、专业素养、积极性等对学生特征中的思想态度、

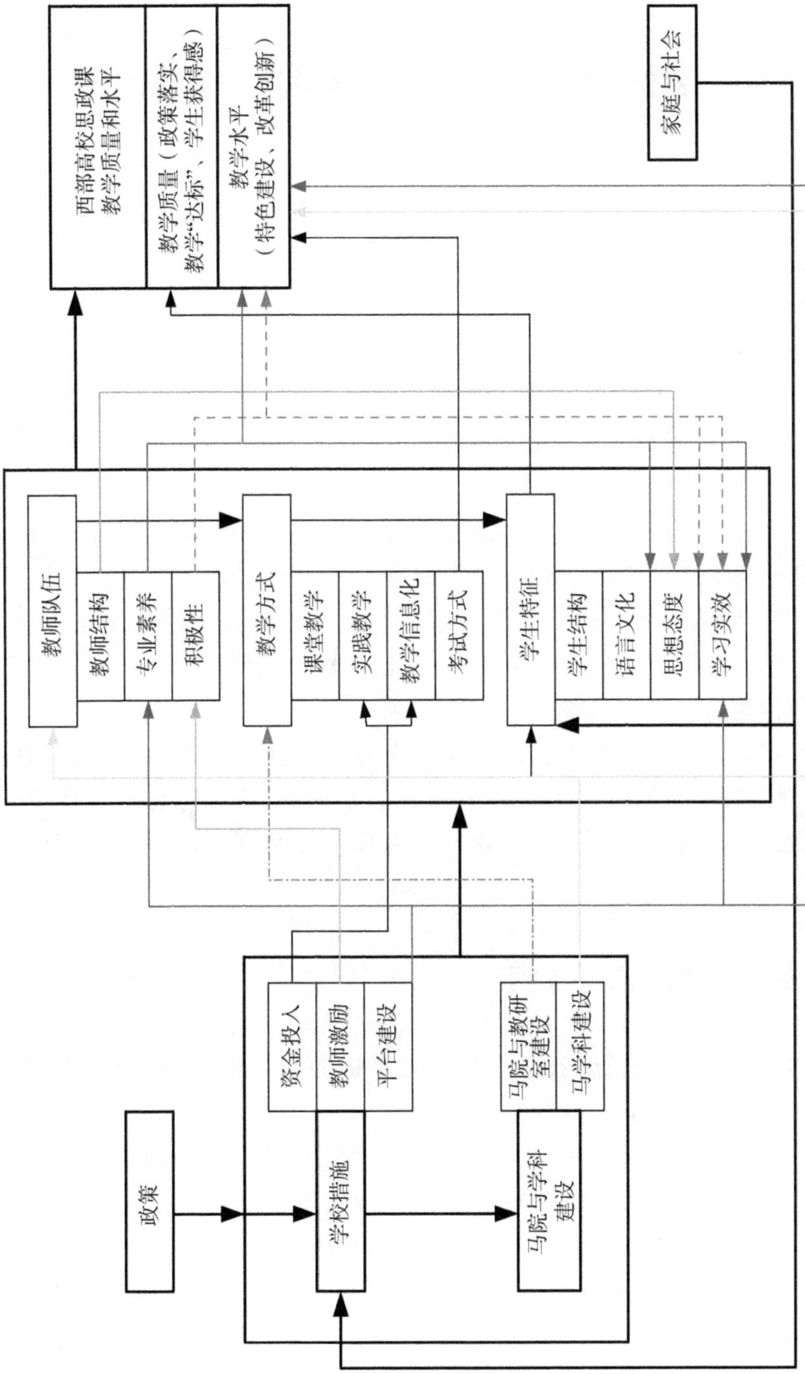

图3　西部高校思政课教学质量和水平关键影响因素的综合作用机制模型

学习实效有较强影响。其三,学生特征与教学质量关系更为紧密,直接关系到思政课教学质量的提升,也充分说明西部高校思政课教学质量提升的关键环节在学生特征。其四,学生特征中学生学习实效受到的影响最多,也反映出学习实效内在作用机制的复杂性。其五,教师结构、学生结构具有一定的客观性,短期内无法改变,受到的影响也较小。

三是思政课教学质量综合作用显著。从机制模型看,思政课教学质量受到多重、多层次影响因素的作用,综合作用的特征明显。单一因素对思政课教学质量有影响,但正向作用与负向作用需要通过综合作用机制才能显现。说明提升西部高校思政课教学质量,单一的强化某一因素、某一环节难以实现,需要各环节同时加强,各关键影响因素综合发力。在教学质量方面,研究从政策落实、教学“达标”、学生获得感三个维度进行考察和衡量,但单一维度实现和三个维度均有效实现的难度依然较大。仅从政策落实的层面看,从国家政策到教学质量提升的政策有效落实的过程中,中间环节多、内容杂、路径长,需要从整体上和系统化推动。

四是思政课教学水平的影响因素多元。学校措施因素中的平台建设因素,马院与学科建设因素中的马学科建设因素,教师队伍因素中的专业素养、积极性因素,教学方式因素中的考试方式因素,对思政课教学水平有较为直接的影响,直接关系到西部高校思政课特色建设与改革创新。所以,提升西部高校思政课教学水平要在夯实教学质量的基础上,重点加强平台建设、学科建设和教师队伍建设,在教学方式等方面积极改革创新,才能提升思政课发展建设能力。

三、综合作用机制的启示

通过对西部高校思政课教学质量和水平提升的关键影响因素及其作用机制研究,得出以下启示:

一是提升西部高校思政课教学质量和水平需要从关键影响因素着眼,采取系统化提升措施,以整体提升为主导,才能取得实效。

二是西部高校思政课教学质量和水平提升的关键在于高校主体作用的发挥和校级层面政策措施的实施,抓好西部高校主体是落实国家关于思政课教学政策举措的关键。

三是教师、学生和教学方式是西部高校思政课教学质量和水平提升的关键环节，三者联系紧密、内在相互作用关系较强，需要整体建设、协同发展、一体化提升。

四是在学生主体方面关注度和举措较为缺乏，针对学生主体实施的思政课教学质量提升的措施较少，无法构建起多因素共同促进学生思政课学习获得感的清晰路径和网络，在学生主体方面需要进一步强化。

五是西部高校思政课教学质量和水平有不同内容和侧重点，需要在科学界定两者内容、范围、影响因素的基础上，有针对性地实施具体对策，才能全方位、多层次推动西部高校思政课教学发展。

关于西部高校思政课教学质量和水平的研究，在实践调研、问题研究、比较研究与特殊性研究的基础上，进行关键影响因素研究，进一步揭示了西部高校思政课教学质量和水平提升中的深层次问题。在深刻把握西部高校思政课教学质量和水平现状、经验、问题，深刻分析特殊性，精准认识东西部高校间差距的基础上，才能够精准施策，有效提升西部高校思政课教学质量和水平。

第八章

对策研究

西部高校思政课整体教学质量和水平现状：从自身发展层面，西部高校思政课教学质量和水平大幅度提升，但继续发展和提升的空间较大；在国家政策要求层面，处于达到国家要求标准的层面，改革创新难度较大，总体上处于高质量发展的起步阶段；从东西部对比层面，西部高校思政课教学质量和水平与东部高校仍有较大差距，处于"跟跑"状态；从全国高校思政课教学质量发展水平看，西部高校思政课教学仍是短板，提升西部高校思政课教学质量和水平关系到全国思政课教学整体质量和水平的提升。提升西部高校思政课教学质量和水平要从全国思政课建设大局出发，立足西部地区经济社会发展实际，针对西部高校思政课教学基础层面教学质量达到全国平均水平、发展层面教学水平上改革创新有较大差异，及教学中的特殊性明显、关键影响因素复杂等特点，多层面、系统化、针对性地实施提升措施，推动西部高校思政课教学高质量发展。

第一节　整体规划层面

"当前形势下，办好思政课，要放在世界百年未有之大变局、党和国家事业发展全局中来看待，要从坚持和发展中国特色社会主义、建设社会主义现代化强国、实现中华民族伟大复兴的高度来对待。"[①]提升西部高校思政课教

① 习近平.思政课是落实立德树人根本任务的关键课程[J].求是，2020(17)：4-16.

学质量和水平，要坚持全局观、大局观和战略高度，坚持为党育人、为国育才，全面落实好立德树人根本任务。要从党和国家关于思政课建设的指示要求出发，深入贯彻落实党和国家关于思政课教学的系列政策，持续提升思政课教学质量和水平，充分发挥思政课“关键课程”的重要作用。

一、总体思路

“办好思政课，最根本的是要全面贯彻党的教育方针，解决好培养什么人、怎样培养人、为谁培养人这个根本问题。”①西部高校思政课教学质量和水平提升，根本上要坚持贯彻党的教育方针，培养德智体美劳全面发展的社会主义建设者和接班人，这是根本方向、核心要求，是西部高校思政课教学发展的前提和基础。宏观层面，加强党对思政课的领导，坚持以党和国家关于思政课建设的政策为导向和要求，全面贯彻落实好政策，充分释放政策效益；微观层面，从学生、思政课教师、教学内容、教学方法等方面，针对西部高校思政课教学的特殊性精准施策，以针对性举措加强和改进思政课教学质量。宏观层面举措与微观层面措施有效结合，形成推动西部高校思政课教学质量和水平提升的整体性、系统化措施体系，推动建立科学化的长效机制。

从思政课教学相关视角，要激发不同层面主体的积极性和主动性，通过建设“大思政课”、构建“三全育人”格局，形成强化思政课教学实效的合力，提升思想政治教育成效。国家层面，在政策倾斜支持西部高校思政课教学发展的基础上加大力度，提高思政课建设资源投入规模，以更精准、长效化的政策效益弥补西部高校思政课教学发展中的不足；省区层面，强化各方面资源配套以有力贯彻国家思政课建设政策，在省级层面统筹推进本省区高校思政课教学发展，加大本省区思政课教学共建共享与协同发展力度，实施“一校一策”的差异化政策，整体提升高校思政课教学质量和水平，推动本省区内高校思政课教学均衡发展；学校层面，重点强化教育教学管理，提升落实政策的能力和水平，从校级层面强化资源整合配给，提高思政课教学发展的保障力度，从马克思主义学院和马克思主义理论学科建设方面提高思政课教学发展的支撑力度，形成持续提升思政课教学质量和水平的体制机制；教师层面，按照“六要”要求全面提升思政课教师教学教研的能力，承担神圣职责和使命，发

① 习近平.思政课是落实立德树人根本任务的关键课程[J].求是，2020(17)：4-16.

挥积极性、主动性和创造性，起到“关键”作用；学生层面，坚持以学生为中心，发挥学生主体作用，针对西部高校学生特征组织实施思政课教学，坚持以学生的满意度、获得感为重要标准，衡量和提高思政课教学质量和水平；社会层面，充分利用政府机构、爱国主义教育基地等建立实践教学基地，形成思政教育教学合力，营造全社会协同育人的良好氛围；家庭层面，思政课教学通过关注学生的家庭背景和影响，发挥思政课思想政治教育的主导和引导作用，克服家庭对思政教育的消解影响，形成思政育人合力；东西部高校协同层面，通过马院共建、特聘教授、平台共建、优质资源共享等形式进行思政课教学协同发展，打破东西部高校思政课教学发展不平衡不充分的僵局，实现全国思政课教学均衡化高质量发展。

二、主要原则

建好关键课程。思政课是落实立德树人根本任务的关键课程。西部高校思政课教学质量和水平的提升要突出“关键课程”的重要意义和重要作用，从“关键课程”的定位推动思政课教学发展。

坚持全国一盘棋。思政课教学具有全国统一的特征，西部高校必须无条件、无差异深入贯彻党和国家的政策要求，按照规定的思政课教学内容和要求，完成教学任务，达成教学目标。

建特殊为特色。西部高校思政课教学要克服特殊性的不利影响，又要在特殊性上下功夫，积极把特殊性建设成为思政课教学发展中的特色和优势，形成推动思政课教学发展的增长点。

“供”“需”均衡。西部高校思政课教学要深化“供给”侧改革，又要加强对“需求”侧的积极引导，突出学生中心地位，力求针对“需求”实施“供给”，做到所“供”即所“需”。

增强学生获得感。把学生学有所获、学有所思、学有所感作为思政课教学质量提升的重要内容，围绕学生成长成才实施思政课教学，针对西部高校学生特征组织教学，释放思政课强大育人实效。

精准化教学。避免一拥而上、大水漫灌式的思政课教学质量和水平提升措施，针对西部高校思政课教学中的特殊情况、关键影响因素及作用机制、西部各高校具体实际，精准施策，提高资源使用效率，确保思政课教学建设成效。

三、重点方向

西部高校思政课教学质量和水平提升要坚持以下重点方向，确保思政课教学发展高效推进。

一是坚持以习近平新时代中国特色社会主义思想为指导。《新时代高校思想政治理论课教学工作基本要求》《关于深化新时代学校思想政治理论课改革创新的若干意见》要求"坚持思政课建设与党的创新理论武装同步推进"，明确提出坚持以习近平新时代中国特色社会主义思想为指导，进课堂、进学生头脑。西部高校要深入学习贯彻《习近平新时代中国特色社会主义思想进课程教材指南》《中央宣传部教育部关于在高校思想政治理论课中进一步加强习近平新时代中国特色社会主义思想教育教学工作的通知》，要在教学中深入学习、宣传、讲深、讲透习近平新时代中国特色社会主义思想，创建性扩大广度、加深深度，升华思政课教学理论水准和思想内涵。

二是贯彻学校思想政治理论课教师座谈会精神。学校思想政治理论课教师座谈会是思政课发展史上具有里程碑意义的标志性事件，特别是习近平总书记在会上的讲话精神对全面做好新时代思政课教学意义重大。西部高校思政课教学要以会议精神和习近平总书记讲话精神为指引，抓好贯彻落实。围绕习近平总书记讲话精神，深化思政课重大意义认识、加强思政课教师队伍建设、推动思政课改革创新、强化党对思政课建设的领导，高质量推动思政课教学发展。

三是深入贯彻落实党和国家关于思政课教学系列政策。党和国家加强思政课建设的政策是思政课教学的"纲"和"魂"，西部高校思政课教学质量和水平的提升，重点要以政策为标准，把政策全面、深入、准确、有力地贯彻落实。当前，要重点贯彻《新时代高校思想政治理论课教学工作基本要求》《新时代学校思想政治理论课改革创新实施方案》《关于在思政课中加强以党史教育为重点的"四史"教育的通知》《习近平新时代中国特色社会主义思想进课程教材指南》等文件，夯实基础、高质量达到标准，促进内涵发展。

西部高校思政课教学质量和水平提升的总体思路、重点方向、主要原则等考虑了西部高校思政课教学中的具体情况，有较强的针对性和指导意义。同时，更加突出和强调了全国层面一致性和统一性，重在从思政课建设"全国一盘棋"战略规划和发展要求弥补西部高校思政课教学的"短板"，促进全国高校思政课教学质量和水平整体提升。

第二节　管理与指导层面

提升西部高校思政课教学质量和水平，国家政策倾斜与支持仍然至关重要，发挥着决定性作用。此外，西部省区需要根据国家政策实施配套政策和资源支持，精准施策，确保国家政策有效落实、政策效应能够充分释放。高校作为抓思政课教学的主体，需要发挥好承上启下作用，加强思政课教学的规划、建设，为思政课教学提供有效支撑。

一、强化国家政策导向

国家关于思政课建设的政策自十八大以来日趋完善，在学科建设、思政课教师队伍建设、教学与科研支持、教学平台建设、人才计划、培育项目等方面力度大、内容广、覆盖面全，形成了系统化制度体系。在国家思政课建设政策中，针对西部地区的实际给予了相应支持，对西部高校思政课建设起到了巨大推动作用。新时代提升西部高校思政课教学质量和水平，需要国家政策持续发力，需要从以下方面强化政策效应。

一是通过政策调动更多资源支持西部高校思政课建设。在对口支援西部地区高校、马院与马学科援助帮扶、特聘教授、银龄计划等项目中，调动更多东部和全国学科建设资源、管理人才、专家学者以及社会力量等加大支援，持续性、全方位地对西部高校进行支持。通过政策弥补东西部高校思政课教学发展的不平衡不充分问题，释放东部高校思政课建设特别是马学科建设成效明显、专家学者队伍力量强、思政课教学理念模式领先等显著优势，带动西部和全国高校思政课教学共同发展。

二是针对西部高校思政课建设实施中长期政策支持。从当前西部高校思政课教学发展情况分析，西部高校思政课教学发展需要国家中长期（3～5年）的项目支持，形成稳定、持续的思政课教学基础发展建设。中长期项目支持能够避免西部省区和高校在思政课教学投入方面的波动，针对西部高校思政课教学基础相对薄弱、教师能力素质不足的情况，给予西部高校思政课教师成长、项目研究、改革创新等相对宽松的发展空间和有效的研究发展时间。在项目其他方面要求不变的情况下，提高政策的有效性。

三是加大对西部高校思想政治教育人才的支持力度。在少数民族骨干计划、马克思主义理论骨干人才培养计划、辅导员在职攻读博士学位专项计划中，针对西部高校思政课教师教学任务重、研究能力偏弱、扎根西部等实际，适当向西部高校倾斜。在长江学者奖励计划、万人计划、“四个一批”人才等项目中加大对西部高校思政课教师队伍的支持力度，可以专门设立西部振兴思想政治教育学者计划，名额到西部高校，不随人走。以培育西部高校思政课专家学者，提升西部高校人才吸引力。

四是针对全国高校思政课教学的梯队式发展特征，对东西部高校、“双一流”高校和重点马院高校实施差别化政策措施。对西部普通本专科高校侧重思政课教学基础建设，针对西部重点马院高校和“双一流”高校侧重思政课教学改革创新能力培育、示范作用和带动作用的释放。对东部高校思政课建设重点推动改革创新，释放创新发展和示范引领作用。通过梯队式发展，在动态发展中实现全国思政课教学质量和水平的整体提升。

五是加强对全国民办高校思政课教学的监督管理。通过实践调研反映出，西部民办高校思政课教学质量和水平还较低，政策执行的全面性、深入性和有效性等与公办高校尚有较大差距。与东部民办高校相比，在师资、教学管理、教学质量提升措施等方面也有较大差距，在全国思政课教学中民办高校“短板”明显。解决这个问题，一方面，需要以国家思政课政策为硬性要求和标准，促进民办高校思政课教学全面达标和符合政策要求规定，提高思政课教学规范性；另一方面，在思政课建设的各类项目中适当向民办高校倾斜，有效把民办高校思政课教学纳入到全国思政课教学发展的整体中，确保全国思政课教学质量不断提高。

六是探索发展思政课教学质量报告。目前，个别高校定期或不定期地总结本校思政课教学质量报告，对提升思政课教学质量有重要促进作用。教育部可以定期发布高校思政教学质量报告，总结经验、发现不足，为政策完善、教学交流、教学研究提供重要参考，从全国范围统筹推进思政课建设。

二、加强省区资源配给

西部省区要加强对高校思政课教学的政策措施配给，细化国家政策、强化国家政策执行力，着力做好以下方面。

一是要精准施策。在贯彻国家思政课教学政策的基础上，强化本省区内的资金、政策、编制、项目等资源配套，在省内高校竞争的基础上，向专科院校和民办院校适当倾斜，确保思政课教学质量和水平能够整体提升。从资源统筹配给上，规划实施“一校一策”的思政课教学发展策略，对高校思政课教学给予精准指导和支持，避免思政课教学发展中的重复建设和资源浪费。同时，在高校思政课教学的资金、政策、项目等资源配给中，要科学规划，确保稳定、持久和长效化，注重培育实效。

二是要加强马院和马学科建设。针对西部高校马院建设相对滞后的情况，应坚持应建必建的原则，符合条件的尽快建立马院，为思政课教学发展提供保障和支撑。对于思政课教师数量少、条件不充分的高校，可以采取联合建设跨校、虚拟马院，把多个高校的资源整合起来，打破编制、办公场所等物理条件的限制。实施重点马院帮扶建设马院，通过专家共享、特聘马院院长、网络马院共建共享等形式，释放重点马院建设的“溢出”效应，建设马院共同体，实现共同发展。有重点、有规划、分阶段开展马克思主义理论学科建设，以高质量建设为根本，适度、适量发展马学科。

三是要持续强化思政课教师队伍建设。其一，打破教师编制束缚和限制，给予高校更多自主权引进和使用教师，建立思政课教师流动机制，重点保障思政课教师数量相对紧缺的专科和民办高校思政课教学。其二，加强思政课教师待遇保障，针对西部高校经费偏少的情况，从省级统筹加大对思政课教师的奖励激励力度，在表彰、考核、绩效等方面给予支持，充分调动思政课教师的积极性。其三，加大思政课骨干教师、专家学者的引进力度，以特聘、兼职等形式把高水平专家引入西部高校，重点在工作时间、教学任务、研究指导、团队建设等方面加强专家作用的发挥，弥补高水平专家数量的不足。其四，在省级人才项目中增列思想政治教育人才，加大本省思政课专家的培育，通过待遇、荣誉培育人才、留住人才，为高校思政课教学质量和水平提升提供坚实的人才保障。

三、发挥高校管理与支撑效能

西部高校作为思政课教学质量和水平提升的重要管理和责任主体，必须深入贯彻国家和省区思政课教学要求，结合本校思政课教学实际发展创新，才能把思政课建设成为“第一课”，发挥思政课在落实立德树人根本任务中的关键作用。

一是提升教学管理水平。西部高校要不断提升学校管理水平，特别是教学管理水平，形成制度体系化、管理机制化的教学质量保障的体制机制，为思政课教学质量和水平提升奠定坚实的管理基础。学校教学管理能力和水平的提升，能够避免因落实思政课建设政策要求而造成的机制变动、机构调整、管理理顺等反复变化的情况，通过制度建设与体制机制完善提高政策落实的能力、政策治理效能转化能力，让政策高效转化为思政课教学质量提升的实效。

二是开展深度的思政课信息化建设。西部高校要在思政课教学资源数字化、教学与学习网站及微信公众号、考试系统建设的基础上，加强思政课信息化教学教室、思政课教学资源研究实验室、思政课移动网络终端，以及虚拟马院、教研室等信息化平台建设，深度提升思政课教学信息化水平[①]。同时，要避免重复建设，提高资源使用效率，西部高校可以开展联合共建，也可以对标思政课虚拟仿真体验教学中心，积极学习、探索思政课教学与信息技术深度融合的路径，推动思政课教学改革创新。

三是加强思政课教研室、教学研究平台建设。西部高校要按照《新时代高校思想政治理论课教学工作基本要求》按课程分别设置教研室（组），从实体机构建设的视角给予教研室（组）更充分的功能，把思政课教学质量和水平提升的基础打牢。还要加强校内思政课建设领导小组、教指委、教学研究等组织和平台建设，为思政课教学发展提供更大的空间，避免仅就教学抓教学的误区，形成促进思政课教学发展的全方位格局。

四是推动思政课内涵发展。改变思政课教学建设“短、平、快”主导，特色建设“唯一”的发展措施，注重内涵发展建设。一方面，积极推动马学科发展建设，克服教学、研究两张皮的情况，积极把学科建设资源、学术研究资源转化为教学资源，在学科建设中推动思政课教学长足发展；另一方面，充分挖掘地域内红色文化、民族文化等资源，转化为思想政治教育和思政课教学资源，结合学校办学层次、特色和优势促进思政课教学发展，把学校实际和思政课教学实际放在首位，建设符合本校实际、具有本校特色的思政课教学质量和水平提升的模式和路径。

---

① 赵秀文，金锋. 西部边疆地区高校思政课优质教学资源共享研究[J]. 天水师范学院学报，2020，40(6)：7-11.

五是完善思政课教学考核评价机制。加强思政课教学质量的监控和评价，常态化、动态化提高思政课教学质量，以评价机制加强思政课教师队伍建设，把教学质量第一放在思政课教师和教学考核评价首位。考核评价机制一方面要注重对思政课教师积极性、主动性和创造性的调动，激发思政课教师队伍的活力，有效抓好思政课教师这一关键；另一方面建立形成思政课教学质量的评价机制，能够及时对思政课教学成效、问题和经验进行总结，以机制建设保障思政课教学质量的提高。

六是强化信息化教学质量监测。一方面，要充分考虑到西部高校部分思政课教师信息技术应用能力弱、部分学生网络信息资源不对称、与东部相比线上教学不够成熟等方面特征，重点加强和确保疫情影响下思政课线上教学质量；另一方面，针对部分高校信息化教学偏于满足学生喜好，而重形式、轻内容、缺监管的情况，重点加强信息化教学质量的提高，让信息化教学实效充分发挥。

国家、省区和学校层面对思政课教学质量和水平提升，主要发挥着管理与指导作用，重点与关键在于政策的有效性、体制机制完善、管理科学高效。国家、省区和学校层面的政策与措施即宏观又具体，指导和推动着西部高校思政课教学质量和水平的提升。

第三节　主导与主体层面

依据西部高校思政课教学质量和水平关键影响因素综合作用机制模型，从思政课的教育对象、教育者、教学内容、教学方法等要素出发，开展微观层面研究，提出具体对策建议。

一、发挥教师关键作用

“办好思想政治理论课关键在教师，关键在发挥教师的积极性、主动性、创造性。”[①]抓好思政课教师的“关键”是要坚持“六要”“八个相统一”，结合西

① 习近平. 思政课是落实立德树人根本任务的关键课程[J]. 求是，2020(17)：4-16.

部高校思政课教师队伍实际，重点抓好以下方面：

一是要增强思政课教师身份意识。西部高校思政课教学目标和任务的多重性，增加了思政课教师教学任务以及更多的思想政治教育工作内容。西部高校思政课教师必须充分认识到思政课教师不同于其他专业课教师的所在，既要讲授知识更要育人，承担着宣传党的创新理论、国家意识形态工作、立德树人的神圣职责和使命。西部高校思政课教师要树立强烈的身份意识，深刻认识到自身在教书育人和西部经济社会发展的特殊意义和价值，以强烈的使命感和责任感全身心投入到思政课教学中。

二是要加强少数民族思政课教师的培养。西部高校思政课教师中少数民族教师数量和比例需要提高，在民族比例上构建与西部高校学生结构相对应的教师队伍结构，有利于思政课教学的深入开展和教学质量提高。还要加强少数民族思政课教师专业能力的提升，特别是理论水平和研究能力的提高，能够有效培养少数民族思政课教学骨干，进一步壮大西部高校思政课教师队伍。

三是要加强学科素养。西部高校思政课教师队伍偏于年轻化，近年来规模化补充思政课教师队伍，不同学科背景的教师、辅导员、党政干部等加入思政课教师队伍中。特别是兼职思政课教师、特聘思政课教师的加入，一方面壮大了思政课教师队伍，有效补充了数量上的不足；另一方面马克思主义理论学科背景的思政课教师较少，更多的兼职和外聘思政课教师偏重实践性质或某一方面专业化的职业道德素养方面的授课，一定程度上冲淡了思政课教学深邃的理论性和专业性。需要加强思政课教学学科素养的培育，奠定非马克思主义学科背景思政课教师的专业能力和素养，提升思政课教师的整体能力和水平。

四是要树立发展意识。基于东西部高校思政课教学比较研究发现，西部高校思政课教师的发展意识和发展动力不足，亟须提高思政课教师的积极性、主动性和创造性。一方面，思政课教师不能局限于一般性质的授课层面，要更多从立德树人的职责使命开展工作，不能只局限于授课任务的完成，还要关注思想政治教育工作、开展教育教学研究工作，在教好书的基础上提升育人能力，让自身能力水平不断提升；另一方面，学校要通过思政课教学考核评价机制、职称评聘、绩效考核等方面提高和保障思政课教师待遇，要通过平台建设、人才项目等为思政课教师提供发展空间，促进思政课教师的发展成长。

五是要敢讲、能讲、会讲。“有的教师怵于思政课的意识形态属性,担心祸从口出,总是绕开问题讲、避开难点讲。只要坚持正确政治方向,立足于引导学生坚定理想信念,全面客观看问题,就不用担心在政治上出问题。要给教师充分的信任,不抓辫子、不扣帽子、不打棍子。”习近平总书记深刻指出了思政课教师教学中的普遍现象和问题,对西部高校思政课教师的启示意义尤为巨大。思政课教师必须“坚持正确政治方向”,以彻底的理论说服力、实践的雄辩力,敢讲、能讲、会讲,加强对学生理想信念的引导,有效提升思政课课堂教学实效。

二、发挥学生主体作用

“思政课教学离不开教师的主导,同时要坚持以学生为中心,加大对学生的认知规律和接受特点的研究,发挥学生主体性作用。”[①]西部高校思政课教学中坚持学生中心、发挥学生主体作用,要针对西部高校学生特征,着重从以下方面增强学生主体性。

一是要坚持价值导向。“在思政课教学中也不能只强调知识性,不能为了应付考试让学生死记硬背知识点,而不注重对学生价值观的引导。”[②]“‘知识本位’取向的教学模式在我国思政课教学中占据主导地位。”[③]西部高校思政课教学中“知识本位”更为明显,很大程度上忽略了学生的个人需求,而过多地强调外部要求,难以引起学生学习思政课的兴趣。西部高校思政课教学必须坚持价值观的引导,一方面重点强化政治信仰,坚持中国共产党领导,坚持马克思主义,达到“五个认同”,筑牢思想之基和信仰之根;另一方面要积极培育和践行社会主义核心价值观,增强国家意识、公民意识和法制意识,在思想、身份和意识上铸牢中华民族共同体意识。

二是要坚持问题导向。西部高校思政课教学中缺少对学生问题的回应和引导,制约了思政课教学效果。“要坚持问题导向,学生关注的、有疑惑的问题其实也就几大类,要把这些问题掰开了、揉碎了,深入研究解答,把事实和道理一条条讲清楚。实际上,有时候不一定讲得那么高大全,从一个问题切入,把一个问题讲深,最后触类旁通,可以带动很多关联问题,有可能是一

① 习近平.思政课是落实立德树人根本任务的关键课程[J].求是,2020(17):4-16.

② 习近平.思政课是落实立德树人根本任务的关键课程[J].求是,2020(17):4-16.

③ 沈壮海,王培刚,王迎迎.中国大学生思想政治教育发展报告 2016[M].北京:北京师范大学出版社,2017.

通百通，提纲挈领。要练就不怕问、怕不问、见问则喜的真本领，不能见学生提问就发怵。”[①]习近平总书记为思政课教师教学中坚持问题导向指明了做法，要深入研究西部高校学生普遍关注的民族与宗教、西部经济社会稳定与发展、就业与个人发展等问题，关注大学生成长中的思想、心理、情绪等问题，以问题导向针对学生实际需求。坚持思政课教学中的问题导向，要充分运用马克思主义理论解析和回应中国社会发展问题，以马克思主义理论的科学性、彻底性和说服力引导学生科学、客观、理性地分析问题。

三是差异化施教。针对西部高校思政课教学中的学生特征，一方面，要关注学生思政课学习中的困难，特别是少数民族学生在语言和文化背景方面学习思政课的难点，在深入研究少数民族风俗习惯、语言文化的基础上，引导少数民族学生能够在其熟悉的语言文化环境中提高思政课学习效果；另一方面，要因材施教、针对性提升学生思政课学习能力的基础，培养少数民族学生研读经典著作文本的能力，逐步提高马克思主义理论学习能力和水平[②]。西部高校间、不同专业学生的实际情况各有不同，思政课教师在教学中要关注到学生的特殊性，实施差异化教学，有针对性地提高学生思政课学习的效果。

四是要贴近学生。西部高校思政课教学不能过于理论化，既要有庙堂之高也要有烟火气息，要在内容上、语言上、教学方法上贴近学生，增强学生的体验感和情感共鸣。如在教学内容中融入本省域内的民族文化、红色文化、乡土文化、非物质文化遗产等，结合国家加快少数民族和民族地区发展战略讲好民族团结故事、展示对口帮扶共同团结富裕案例等，贴近大学生的社会生活实际，增强教学内容的厚实感，增加思政课的吸引力。

三、构建思政课教与学的共同体

发挥好教师主导、学生主体作用，关键是要“构建‘教师主导与学生主体相统一’为核心的教学关系”，构建思政课教与学的共同体，提升思政课教学和学习实效[③]。

---

① 习近平.思政课是落实立德树人根本任务的关键课程[J].求是，2020(17)：4-16.

② 刘娜.民族院校思政课开展“五个认同”教育的策略[J].学校党建与思想教育，2021(10)：56-57.

③ 杨富.思政课信息化建设中师生教学关系的重构[J].黑龙江教育(高教研究与评估)，2021(11)：12-15.

一是构建思政课教学资源建设的共同体。针对西部高校思政课建设中学生参与度低、教学供给大水漫灌的情况，要把学生吸纳到思政课教学资源的建设中，针对学生的需求特点开展教学组织建设和精准供给。学生在参与过程中要能够把自身的学习需要、学习特点、学习偏好呈现出来，围绕教学内容和教学方式与思政课教师充分交流沟通，师生共同开发思政课教学资源，把学生学习的过程延长，提高学生的主动性和参与度。

二是构建思政课任务合作完成的共同体。在思政课教学中，西部高校要改变教学以灌输为主、作业以抄为主、考试以背为主的教学方式。在教学中建立任务导向，结合学生思政课学习需要，通过任务导向的形成把教与学的内容和方式结合起来，结成师生完成任务的共同体，探究式完成开放性的教学内容。把学生关心关注的问题作为需要完成的任务，共同合作解决，提高学生的主动性。

三是精准满足学生思政课学习需要。西部高校学生思政课学习需要呈现多样化特点，思政课教师要在与学生深入的思想交流中了解学生的思政课学习需要，在教学中有的放矢，提高学生的满意度和获得感。在深入调研的基础上，对学生思政课学习需求进行分类整合，加强对多样化需求的引导，"科学化重塑学生过于自我化、功用化、碎片化的学习需求，向理论性、实效性和价值性的理性需求转变，上升为成长成才导向、树立崇高理想、担当使命的更高层次学习需求"①。对学生思政课学习需求的引导，要以思政课教学目标与教学内容为导向和框架，将其有机整合到思政课教学中，发挥思政课教学中教师的主导作用。

四、推动教学方式创新

西部高校思政课教学要适应新时代的要求，"在教学内容上要有'深度'，在教学方法上要有'效度'，在教学形式上要有'生气'，在教学话语上要接'地气'"②。新时代西部高校要推动教学方式的创新，有效激发教师主导、学生主体作用，结合西部高校思政课教学质量和水平提升的关键影响因素综合作用

① 杨富.学生主体视阈下西部高校思政课教学质量提升研究[J].吉林省教育学院学报，2022，38(6)：84-89.

② 孙邦金.持续推进新阶段高校思政课的高质量发展——"习近平总书记'3·18'重要讲话发表两周年学习研讨会"综述[J].思想理论教育导刊，2021(5)：141-143.

机制，重点从以下方面推动教学方式创新。

一是切实提高思政课课堂教学实效。课堂教学实效是思政课教学质量和水平的核心，西部高校要着重从课堂教学质量提高思政课教学质量。其一，要丰富教学内容，结合西部地区实际，深入开展爱国主义教育，铸牢中华民族共同体意识和反渗透、反分裂斗争教育，把西部高校思政课教学目标和任务的多重性有机整合融入课堂教学中。其二，要统筹好各门思政课教学内容，将本省区和本校思想政治教育的特色内容、特殊要求，转化融入思政课课堂教学中，加强课堂教学的特色，以鲜活的教学内容增强课堂教学的吸引力。其三，坚持以学生为中心，“一些思政课堂运用小组研学、情景展示、课题研讨、课堂辩论等方式教学，让学生来讲，这有利于发挥学生主体性作用”①。西部高校思政课课堂教学要运用这些教学方式，活跃课堂教学氛围，形成良好的教与学课堂环境。其四，构建有效的课堂教学话语体系，在把教材体系转化为教学体系过程中，突出对教学话语的转变，在理论性显著的教学话语下，增加学生偏好的网络语言、新媒体语言，融入贴近学习生活实际的生活话语，也可根据实际内容增加少数民族语言文化的话语，增强思政课课堂教学讲授、沟通与交流效率。

二是切实提高思政课实践教学实效。西部高校要在思政课实践教学特色化发展的基础上，深化实践教学深度与实效。其一，要紧密围绕思政课教学目标、内容和任务组织实践教学，避免实践教学的“参观”式学习，突出与理论教学的衔接和补充，协同促进教学效果。其二，要把区域内的红色资源有效转化为教学资源，突出思政课教学的主导作用，避免跟着实践教学基地的内容和形式走；要协同开发与思政课各门课程相适应、衔接和补充的实践教学内容，提高实践教学的针对性和适应性。其三，实践教学与团学实践活动、专业实习实践等有机结合，提高“实践”的效率和成效，以实践教学构建“三全育人”的大格局②。

三是提高信息化手段的有效性。西部高校思政课教学要高效利用好信息化手段，一方面，借助教学软件和新媒体技术等推进分众式教学，有效实现思政课教师和学生一对多的互动，精准了解学生学习需求和学习特征，聚焦学生思政课学习效果，提高思政课教学效率；另一方面，在无法开展中小班额

---

① 习近平．思政课是落实立德树人根本任务的关键课程[J]．求是，2020(17)：4-16.

② 杨富．西藏高校思政课实践教学创新路径研究[J]．吉林省教育学院学报，2019，35(2)：134-137.

教学的情况下，借助信息化教学手段进行小组化、任务化、研究组形式的探究式教学，在学生中建立虚拟的中小班级、学习团队和小组，把思政课的教与学既分层实施又高效在团队与小组中结合，形成对每一个学生思政课学习的针对性、动态化的“教学”。

四是创新考试方式，提高思政课学习实效。西部高校思政课考试要与学生特征相结合，在考察教学目标、任务达成，突出学生知识掌握、理论水平提高等方面的同时，还要实施有针对性的考试方式。要突出对思想认知和进步、价值观塑造与践行、问题与困惑的解决、思政课促进成长等方面的考察，切实衡量和检验学生在思政课学习中的获得感。考试中统一标准与特殊要求相结合，既注重了知识和理论方面的考察，又在思政课立德树人根本任务落实的育人成效方面进行考察，能够以更高教与学的要求调动教师和学生的积极性和主动性，促进教学质量不断提高。

在思政课教学主导与主体方面的研究，涵盖了学生、教师、教学内容、教学方法等方面内容，主要针对思政课教学中的微观层面内容。思政课教学中教师主导与学生主体需要通过教学方式连接和互动，教师、学生、教学方式三个要素都直接关系到思政课教学质量和水平，需要把三个方面有效协同和统筹起来形成整体，才能高质量推进思政课教学。

第四节　协同与发展层面

西部高校思政课教学质量和水平的提升，不能仅仅从思政课、西部高校自身施策，还要从西部地区经济社会发展、全国思政课一盘棋整体发展的大局着眼，通过建设“大思政课”、构建协同发展的“共同体”等战略举措，推动西部高校思政课教学改革创新和高质量发展。

一、建设“大思政课”

西部高校要按照教育部等十部门印发的《全面推进“大思政课”建设的工作方案》积极推动“大思政课”建设，一方面对照方案要求，全面梳理本校思政课建设的现状，制定本校“大思政课”建设方案，整合校内资源，推动思政课改革创新,以适应"大思政课"建设发展的需要;另一方面要积极建设校外基地、平台、合作交流与发展的共同体,把西部地区红色文化、民族文化、经济社会发展成绩,以及相关单位机构等整合到思政课教学的大体系之中,形成全社会的育人合力。西部高校建设"大思政课"的基础还较为薄弱,但需要对照方案要求抓基础、挖潜力、找特色、建优势,全力建设"大思政课",以推动新时代思政课教学新发展。

二、推进"课程思政"

西部高校思政课教学要与"课程思政"发挥协同育人的合力,一方面,以思政课为"关键课程"统筹专业课等,通过"课程思政"建设在思想政治教育方面形成合力,共同落实好立德树人根本任务;另一方面,专业课要通过"课程思政"在马克思主义理论学习、使用上与思政课形成合力,培养学生马克思主义理论素养。同时,在民族学、宗教学等课程教学方面,要通过"课程思政"与思政课形成相辅相成、层层深入、统一聚焦的教学合力,针对西部地区民族、宗教和经济社会发展的特殊环境,以及少数民族学生特征开展"大思政课"教学,提高"课程思政"育人成效。

三、与家庭教育形成合力

西部高校思政课教学要构建大课堂,与家庭教育形成合力。其一,要通过假期实践方式深入了解学生家庭背景,邀请学生家长走进思政课课堂,增强家长对思政课的了解与认同。其二,要与家庭形成思政课教学合力,关注学生思想动态,合力提高学生思想道德修养与法治素养,引领学生成长成才。其三,要通过思政课教学释放学校思想政治教育对家庭教育的影响,淡化家庭宗教氛围、民俗陋习对学生的影响,保障学生思想不断进步、健康成长。

四、东西部马院共建

东西部高校思政课教学发展的不平衡不充分性,要求推动思政课全面、协调、均衡发展,"推动各地各高校实现区域优势合作互补,促进省际、校际思政课教学均衡发展、整体提升”①。2017年，在新疆召开了高校马克思主义对口支援工作推进会，15所全国重点马院与西部地区16所高校马学院签订了对口支援协议，有力推动了西部高校马院建设，成为东西部高校马院协同发展的重要开端。

西部高校要把握对口支援马院建设的契机，全面提高思政课教学质量和水平，实现思政课建设高质量发展。其一，要健全工作机制，细化对口支援措施，以马学科建设和思政课教师队伍建设作为重要内容，夯实马院建设和马学科发展的基础。其二，在教研室、团队、专家等层面建立广泛深入的合作交流关系，多层面、多渠道促进西部高校思政课教学发展。其三，把东部高校精品课、名师课堂、教学资源库等优质资源，通过“互联网＋”模式共建共享，释放东部高校思政课建设的示范和带动作用。其四，整合东西部高校各自优势，合作共建思政课教学创新（示范）中心、骨干教师研修中心、实践教学基地等，把东西部高校及其马院的教学与研究成果、特色、优势整合起来，实现思政课优质资源在校际、省际和全国范围内的共建共享，思政课全国一盘棋的整体发展得到提升。省区内和全国高校思政课的协同发展与创新，需要国家政策的引导和支持，需要省区层面的统筹推进，更需要重点马院示范引领、东部高校奉献与支持、西部高校积极主动，西部高校才能建设高质量的“大思政课”，实现思政课建设的高质量发展。

西部高校思政课教学质量和水平的提升，要始终以政策为导向和动力，针对西部高校思政课教学中的特殊性，形成科学的管理体制和教学质量保障机制，系统化施策、动态调整、持续改进。

① 任鹏，武贵秀.高校思想政治理论课教学水平的影响因素及提升策略——基于首届全国高校思想政治理论课教学展示活动的回顾性研究[J].思想理论教育，2021(3)：70-75.

第九章

研究总结与展望

西部高校思政课教学质量和水平涉及的内容多，西部各省情况差异也较大。研究所选取的西部省区有较强的代表性，揭示了西部高校思政课教学质量和水平的现状，深入分析了西部高校思政课教学和关键影响因素及作用机制，提出了系统化的对策建设。但在研究方法、研究范围、研究内容等方面还存在不足，需要结合国家推进思政课建设政策、西部经济社会发展和西部高校思政课教学发展开展深入研究。

第一节　研究总结

以四川省、云南省、甘肃省、青海省和西藏自治区等省区高校思政课教学为样本案例，深入开展提升西部高校思政课教学质量和水平研究。通过文献研究、实践调研和统计分析，揭示了西部省区及高校提升思政课教学质量和水平采取的系列措施、取得的成效、存在的问题及主要原因，对西部省区内高校间、西部省区间、东西部高校间的思政课教学开展了比较研究，对西部高校思政课教学的特殊性开展了深入研究，深化了对提升西部高校思政课教学质量和水平深层次问题的认识。通过问卷调研与访谈，在比较研究和特殊性研究的基础上，筛选、分析了西部高校思政课教学质量和水平的关键影响因素，构建了关键影响因素作用机制模型，深入研究了西部高校思政课教学质量和水平的影响和作用机制问题。在上述研究的基础上，从国家思政课建设政策、西部省区配套措施、西部高校主体责任发挥，激发思政课教学、学生积极性和主动性，创新教学方式，建设“大思政课”，推动协同发展等方面，提出了提升西部高校思政课教学质量和水平的对策建议，全面推动新时代西部高校思政课教学高质量发展。

一、研究结论

主要形成以下研究结论：

结论一：西部高校思政课教学质量和水平显著提升。在党和国家对思政课的高度重视下，加强思政课建设的系列政策相继实施，西部省区党委政府和高校高度重视思政课建设，深入落实政策要求，有力推动西部高校思政课教学质量和水平的提升。西部高校思政课教学物质资源和人力资源建设成效明显，思政课教学“标准化”和规范性不断提高，为思政课教学质量和水平提升奠定了坚实基础，学生对思政课教学的满意度不断提高。

结论二：西部高校思政课教学质量和水平提升呈现出差异化。西部高校思政课教学质量达到了国家政策要求，从西部高校思政课教学贯彻政策硬性要求、达到思政课建设“基本线”的层面分析，西部高校思政课教学质量达到了全国平均水平。从西部高校推动思政课改革创新、实现特色发展的创新发展和教学水平提升层面分析，西部高校思政课教学水平低于全国平均水平，与东部高校有较大差距。

结论三：西部高校思政课教学发展不平衡不充分现象明显。西部高校省区间思政课教学发展差距较大，陕西、四川、重庆等省市高校思政课教学质量和水平较高，处于全国前列，与东部省份无差距。青海、西藏等省区高校思政课教学质量和水平基本处于全国最后，与全国平均水平相比差距较大。西部高校内部呈现出“双一流”高校、本科院校、专科院校思政课教学质量和水平差异化特征，西部地区民办高校思政课教学质量和水平最低，处于被忽视地位，思政课教学建设亟待加强。西部地区和东部地区相比，西部高校思政课教学质量与东部省份无显著差距，但在思政课改革创新的思政课教学水平层面差距明显，西部高校思政课教学质量和水平处于全国“短板”。

全国思政课教学发展的不平衡不充分现象，体现在东部高校思政课教学进入高质量发展阶段，而西部高校整体上初步进入高质量发展阶段，西部高校中个别本科院校、一些专科院校及部分民办院校尚未实质性进入高质量发展阶段。东部高校思政课教学发展“领跑”，西部高校思政课教学发展“跟跑”,这种不平衡不充分情况将长期存在,全国高校思政课教学发展呈现“梯队式”发展特点。

结论四:西部高校思政课教学质量和水平提升中存在突出问题。西部高校思政课建设资源在数量、质量和使用效率上有效性不足,特别是西部高校制度建设、管理能力和水平偏弱,存在政策“选择性”执行的问题,思政课教学内涵发展乏力。西部高校思政课教师队伍考核激励机制欠缺,教师发展意识和动力不足,缺少高水平专家学者和骨干教师。在供给侧方面,思政课教学以“大水漫灌”为主,缺乏针对学生需求的精准化施教,对学生关注的社会热点问题、自身困惑无法有效回应,在敏感内容和话题上难以应对。在需求侧方面,学生中心体现不突出,对学生思政课学习需求缺乏深入了解、引导和有效供给,对大学生思政课学习的特殊需求、偏好、障碍和特征等关注和回应不足。在思政课改革创新方面能力偏弱,缺少推动思政课教学高质量发展的高效管理体制、有效机制和“增长点”。

结论五:西部高校思政课教学特殊性显著。西部高校思政课教学受西部地区经济社会环境影响较强,决定了西部高校思政课教学必须有力抵御不良思想思潮影响,教学中要突出爱国主义、维护祖国统一、加强民族团结、反对分裂等内容。因思政课意识形态属性、特点等因素,西部思政课教学中对特殊性研究不够深入,有效应对特殊性影响、立足特殊性建设为发展特色能力不足,制约着西部高校思政课教学质量和水平的提升。

结论六:西部高校思政课教学质量和水平的关键影响因素及作用机制复杂。在实践调研筛选出政策、学校措施、马院与学科建设、教师队伍、学生特征、教学方式、家庭与社会等7个二级关键影响因素,通过比较研究、特殊性研究和作用机制研究,整合出一级关键影响因素决定性因素、支撑性因素、直接性因素和外部因素4个,进一步细化为资金投入、教师激励、平台建设、马院与教研室建设、马学科建设、教师结构、专业素养、积极性、学生结构、语言文化、思想态度、学习实效、课堂教学、实践教学、教学信息化、考试方式等16个三级关键影响因素。通过构建关键影响因素作用机制模型,研究西部高校思政课教学质量和水平作用机制得出,政策因素起到决定性作用;学校措施、马院与科学建设是重要发展基础,起到重要的支撑作用;教师队伍、学生特征、教学方式与思政课教学质量和水平联系最为密切,整体起到直接影响作用;家庭与社会起到外部影响作用,也是西部高校思政课教学中可控因素最弱的方面。

结论七:提升西部高校思政课教学质量和水平需要实施系统化措施。需要国家、西部省区、西部高校、马院、教研室、思政课教师、学生、社会组织、家庭、东部高校等多层面协调发力，建设“大思政课”，系统化促进西部高校思政课教学发展。重点要深入贯彻落实《新时代高校思想政治理论课教学工作基本要求》《新时代学校思想政治理论课改革创新实施方案》《关于在思政课中加强以党史教育为重点的“四史”教育的通知》《习近平新时代中国特色社会主义思想进课程教材指南》《中央宣传部教育部关于在高校思想政治理论课中进一步加强习近平新时代中国特色社会主义思想教育教学工作的通知》《全面推进“大思政课”建设的工作方案》等政策要求，把思政课建设成为落实立德树人根本任务的关键课程，从全国思政课建设和西部经济社会发展大局，推动实现西部高校思政课教学高质量发展。

上述结论是基于党和国家关于思政课建设的政策措施，对西部高校思政课教学质量和水平进行比较评价而得出的，深刻揭示了西部高校思政课教学的现状、成效和特殊性问题，提出了系统化的对策建议。研究结论具有较强的客观性和科学性，一定程度上对西部高校思政课教学质量和水平提升具有重要借鉴和参考意义。

二、创新点

研究主要有以下创新：

一是揭示了西部高校思政课教学质量和水平的差异性。研究细化了西部高校思政课教学质量、教学水平两个方面，从政策落实、教学“达标”、学生获得感来衡量思政课教学质量，从特色建设、改革创新来衡量思政课教学水平。研究揭示了西部高校思政课教学质量达到了全国平均水平，但在思政课教学水平方面与全国平均水平特别是与东部高校存在显著差距，更为科学客观地揭示了西部高校思政课教学发展的真实情况。

二是研究了西部高校思政课教学发展的不平衡不充分现象。研究通过文献研究、实践调研、比较研究，以访谈和数据统计分析客观揭示了西部省区间、西部省区高校间、东西部间高校思政课教学发展的不平衡不充分现象，揭示了经济社会发展差距、政策执行有效性、资源配给与使用效率、管理水平与体制机制、教师队伍能力水平、深度的信息化发展等原因造成了思政课教学不平衡不充分的发展实际。提出了从全国思政课建设“一盘棋”认识“梯队式”发展特征，动态、整体地推动全国高校思政课教学质量和水平提升。

三是在西部高校思政课教学质量和水平的关键影响因素及作用机制研究的基础上提出对策建议。对策建议以贯彻落实党和国家思政课建设政策为主线，从思政课教学相关各方视角提出，着重考虑了对策建议的整体性和系统化，突出了具体措施的针对性和可行性，具有一定的参考价值。

三、研究不足

研究主要有以下不足：

一是研究样本量较小。研究以四川省、云南省、甘肃省、青海省和西藏自治区部分高校为样本，从思政课建设水平而言涵盖了高、中、低三个层面的样本，但未涉及更多的西部省区。西部各省区的情况差异较大，样本在对西部高校特殊性和差异性的覆盖上略有不足，对研究结果有一定影响。

二是问卷及访谈的范围广度和深度不足。问卷范围涉及样本省区内的“双一流”高校、一般本科院校及专科院校、民办院校，除西藏 7 所高校全部覆盖到以外，其他省份高校未实现全覆盖。在访谈中，针对问卷中的问题进行了小范围访谈，结合问卷统计分析结果对差值较大和重点问题进行了访谈。在东西部高校思政课教学发展比较访谈中人数相对较少、题目也较少，主要综合了访谈对象较为一致的观点、看法，信度和效度还需进一步提高。

三是对策建议需要检验和完善。研究提出的系统化对策还偏重于主观性，客观性还需提高，对策建设的针对性、实效性还需进一步的实践检验。对策建议针对西部高校思政课教学质量和水平提升中的普遍性措施，针对每个西部省区、每所西部高校还需进一步深入和细化，才能有效提升对策的科学性。

第二节 研究展望

研究针对了高校思政课建设中的热点问题，以西部高校思政课教学质量和水平为研究对象开展研究，旨在解决西部高校思政课建设和全国高校思政课均衡发展、高质量发展中的问题。研究取得了预期成效，但也存在不足，仍需进一步深化。

一、后续研究的主要内容与方向

基于研究中取得的成效和不足，后续将主要从以下方面深入研究。

一是对更广泛的西部省区开展思政课教学质量和水平提升研究，更为深入、详细、客观、量化地揭示西部高校思政课教学现状，查找问题、总结经验，为国家思政课建设政策的科学化、针对性提供参考。

二是深化西部边疆民族地区高校、西部省区民族院校思政课教学质量和水平研究，更为深入地揭示西部高校思政课教学的特殊性，深化对少数民族大学生思政课学习实效研究，以精准的对策举措提高西部高校思政课教学质量和水平。

三是加强西部民办高校思政课教学质量和水平的研究，引起西部省区、国家和全国对民办高校思政课教学的重视，弥补西部高校思政课教学发展的“短板”。

四是深入研究东西部高校思政课建设不平衡不充分现象，深入揭示本质与原因，形成更为客观科学的研究成果，为促进全国高校思政课教学高质量发展提供参考。

二、西部高校思政课研究的发展趋势

总结研究情况，西部高校思政课研究将呈现以下发展趋势。

一是从“全国一盘棋”视角提升西部高校思政课教学质量和水平。西部高校思政课教学发展关系到全国思政课建设，随着新时代思政课建设高质量发展，关于西部高校思政课更多的研究，将更偏重于从“全国一盘棋”视角研究和推动西部高校思政课建设。

二是以“大思政课”建设推动西部高校思政课教学高质量发展。教育部等部委提出的“大思政课”建设为新时代思政课高质量发展指明了方向、提出了要求，有利于整合多方资源、协同多方力量，形成强大合力推动西部高校思政课建设。关于西部高校思政课教学质量和水平的研究，将更多地从国家最新政策、“大思政课”建设方面开展研究，从新发展、新要求研究推动西部高校思政课高质量发展的举措。

三是关注西部高校思政课教学质量和水平中的特殊问题。与全国和东部地区相比，西部高校思政课教学中的特殊性较为明显，并且将长期存在。在全国高校思政课高质量发展的趋势下，西部高校思政课教学中的特殊问题将受到更多关注。如西部高校思政课人才与高水平专家匮乏、民办高校思政课教学质量保障难度大、少数民族大学生思政课学习的特殊性、西部经济社会环境对思政课影响等方面将受到更多研究关注，致力于解决这些问题，也将成为研究的重点。

四是思政课建设与西部经济社会发展。西部高校思政课建设与西部地区经济社会发展紧密相关，当前研究虽然都认可此种关系和联系，但对两者间深入的宏观层面、微观层面的关系缺少研究，需要从更高高度、更广视野、更深深度开展研究，以充分调动各方因素协同推进西部高校思政课建设。

在振兴中西部高等教育战略推动下，西部高等教育迎来了新的发展契机，西部高校思政课建设必将实现高质量发展，为西部地区人才培养、经济社会发展发挥出更为关键的作用。西部高校需要把握国家大力推动中西部地区经济社会发展、振兴中西部高等教育、高质量推进思政课建设的有利环境，全面提升西部高校思政课教学质量和水平，实现思政课改革创新和高质量发展。

参考文献

[1] 顾钰民. 高校思想政治理论课教学方法研究[M]. 上海:复旦大学出版社,2012.

[2] 张耀灿. 高校思想政治理论课教育教学质量监测体系研究[M]. 北京:经济科学出版社,2014.

[3] 王习明,王增智. 思想政治理论课教学质量提高探索[M]. 北京:中国文史出版社,2015.

[4] 戴钢书. 高校思想政治理论课教学跨学科研究方法论[M]. 北京:中国人民大学出版社,2017.

[5] 梁红. 思想政治理论课差异教学论[M]. 北京:中国社会科学出版社,2018.

[6] 李芳. 高校思想政治理论课教学方法科学化研究[M]. 北京:中央编译出版社,2019.

[7] 佘双好. 思想政治理论课教学科研分析报告(2018—2019)[M]. 北京:社会科学文献出版社,2020.

[8] 潘建屯,段俊霞. 高校思想政治理论课教学改革研究[M]. 成都:四川大学出版社,2020.

[9] 徐菁忆. 人工智能时代提升思想政治理论课教学质量的研究[M]. 天津:天津大学出版社,2021.

[10] 唐荣. 高校思想政治理论课教学方法创新研究[M]. 成都:西南财经大学出版社,2021.

[11] 贺莉. 高校思想政治理论课教学效果及其影响因素研究[M]. 北京:中国社会科学出版社,2021.

[12] 韩振峰. 新时代思想政治理论课改革创新研究[M]. 北京:中央编译出版社,2021.

[13] 孙武安. 高校思想政治理论课教学质量提升研究[M]. 杭州:浙江工商大学出版社,2022.

[14] 钱广荣,李靖. 关于思想政治理论课教学质量问题的若干思考[J]. 思想理论教育,2012(5):54-56.

[15] 胡子祥.思想政治理论课教学质量内涵辨析[J].思想理论教育,2017(9):68-72.
[16] 叶荣国.高校思想政治理论课教学质量内涵分析与认知维度[J].教育评论,2016(9):143-146.
[17] 徐建飞.焦点与前瞻:高校思想政治理论课教学质量提升研究[J].周口师范学院学报,2019,36(6):122-130.
[18] 胡华,卢诚.新中国70年来高校思想政治理论课建设的历史演进与现代审视[J].理论导刊,2019(12):18-24.
[19] 邢继攀."习近平总书记关于教育的重要论述与高校思政课教学改革论坛学术研讨会"综述[J].思想政治课研究,2020(1):122-126.
[20] 邹聪."05方案"以来我国高校思想政治理论课政策研究[D].武汉:武汉轻工大学,2021.
[21] 黄艳.新中国成立70年来高校思想政治理论课政策发展特征探析[J].大学教育科学,2020(2):75-82.
[22] 马闯.新时代高校思想政治理论课建设政策解读及路径研究[J].改革与开放,2020(14):76-80.
[23] 宗钰,邹放鸣.新时代思想政治理论课改革创新意见的政策过程检视——基于多源流理论的分析[J].江苏高教,2020(6):109-114.
[24] 孟宪生.新时代高校思想政治理论课高质量发展的重要部署——《新时代学校思想政治理论课改革创新实施方案》解读[J].思想理论教育,2021(6):12-18.
[25] 许欢,黎万和.高校思想政治理论课教师队伍建设政策演进与展望[J].四川轻化工大学学报(社会科学版),2020,35(6):72-83.
[26] 肖贵清.论新时代思想政治理论课的制度化建设[J].思想理论教育导刊,2021(4):98-104.
[27] 韩振峰,李辰洋.新中国成立70年来高校思政课课程建设的发展历程及经验启示[J].北京交通大学学报(社会科学版),2019,18(4):42-50.
[28] 岳云强.改革开放以来高校思政课建设研究综述[J].教书育人(高教论坛),2020(21):72-73.
[29] 黄艳,成黎明.高校思想政治理论课70年建设历程及启示——以党和政府印发的系列重要政策文件为视角[J].文化软实力,2020,5(1):14-22.
[30] 刘建军.全面把握思想政治理论课建设的基本规律[J].思想教育研究,2017(4):57-61.
[31] 陈悦.办好高校思政课要在"三个着力"上下功夫[J].学校党建与思想教育,2020(16):39-41.
[32] 杨渐雨,林江海.全媒体时代高校思政课创新建设路径探究[J].教育观察,2021,10(37):71-73.

[33] 李冉. 推动高校思想政治理论课高质量发展[J]. 马克思主义理论教学与研究，2021(1)：149-152.

[34] 熊耀林，禹旭才. 新时代高校思政课建设内涵式发展的五维向度[J]. 武陵学刊，2021，46(5)：139-144.

[35] 李建，刘羽曦. 新时代高校思想政治理论课内涵式发展探析[J]. 思想政治课研究，2021(3)：123-132.

[36] 刘双. 新时代思想政治理论课研究热点主题和前沿演进[J]. 福建江夏学院学报，2020，10(5)：102-110.

[37] 陈姝娅. 高校思想政治理论课教学质量提升路径考察——兼论"系统论"的方法适用[J]. 山西高等学校社会科学学报，2019，31(7)：30-34.

[38] 庞艳鹏. 高校思想政治理论课教学方法发展研究[D]. 长春：东北师范大学，2016.

[39] 高亮，郝海宁. 提升高校思想政治理论课教学质量的四个维度[J]. 和田师范专科学校学报，2019，38(6)：10-13.

[40] 张文瑛. 提升高校思想政治理论课教学质量研究[J]. 天津职业院校联合学报，2019，21(7)：114-118.

[41] 任姣丽. 最优化理论视角下思想政治理论课高质量建设研究[J]. 内蒙古财经大学学报，2021，19(2)：34-36.

[42] 任鹏，武贵秀. 高校思想政治理论课教学水平的影响因素及提升策略——基于首届全国高校思想政治理论课教学展示活动的回顾性研究[J]. 思想理论教育，2021(3)：70-75.

[43] 刘晓霞，曾雪灵，关冬松. "获得感+"目标下高校思政课提质增效初探[J]. 齐齐哈尔大学学报(哲学社会科学版)，2020(4)：166-169.

[44] 杨晓锋. "学生评教"机制对高校思政课教学质量的影响[J]. 北京教育(高教版)，2020(6)：48-51.

[45] 宋珍梅. VR 技术提升高校思政课教学实效的探究[J]. 科教导刊，2021(21)：123-125.

[46] 胡菊华，张宝凤，冀道洁. 大学生对思政课获得感研究述评与展望——基于文献计量可视化的综合分析[J]. 教书育人(高教论坛)，2021(24)：66-75.

[47] 温新荣. 大数据时代高校思想政治理论课教学方法研究综述[J]. 新西部，2018(33)：136-137+4.

[48] 赵浚，汪晶晶. 大数据时代高校思想政治理论课创新发展研究综述[J]. 新余学院学报，2019，24(1)：139-143.

[49] 秦晓华. 高校课程思政相关文献研究综述[J]. 知识经济，2020(19)：154-155.

[50] 冯慧雅. 高校思想政治理论课实效性研究综述[J]. 黑龙江生态工程职业学院学报，2020，33(1)：142-145.

[51] 周彦霞. 高校思想政治理论课教学质量建设研究[J]. 青年与社会,2019(13):120-121.
[52] 王春颖. 高校思想政治理论课程教学质量提升策略[J]. 重庆电子工程职业学院学报,2019,28(6):112-114.
[53] 彭蕾,尹洁. 对提升高校思想政治理论课课堂教学质量的思考[J]. 未来与发展,2020,44(3):78-83.
[54] 雷伟. 论高校思想政治理论课教学质量提升的"高、精、尖"[J]. 西华师范大学学报(哲学社会科学版),2020(1):116-119.
[55] 顾红亮. 思政课教学的"术""学""道"与实践途径[J]. 国家教育行政学院学报,2021(1):11-16.
[56] 吴菲. "供需平衡"视阈下提升高校思政课教学质量的方式论析[J]. 佳木斯职业学院学报,2020(1):134-136.
[57] 王达品. 发挥三个层面"主体"作用着力提升高校思想政治理论课建设质量[J]. 思想理论教育导刊,2020(12):108-111.
[58] 王凯旋. 基于幸福学习范式的高校思想政治理论课质量提升路径[J]. 安徽工业大学学报(社会科学版),2020,37(4):69-71.
[59] 肖述剑. 跨学科整合:提升思政课教学质量的有效途径[J]. 湖北成人教育学院学报,2020,26(2):72-75+85.
[60] 杨源. 善用课堂实践提升思想政治理论课教学质量[J]. 山西高等学校社会科学学报,2020,32(7):30-34.
[61] 李静宜,刘宏达. 党史学习高标准赋能思政课高质量发展的基本逻辑[J]. 学校党建与思想教育,2021(21):65-67.
[62] 刘经纬,林美群. 基于"三个导向"理念的高校思想政治理论课混合式教学设计与质量保障研究[J]. 黑龙江高教研究,2021,39(3):141-145.
[63] 陈清. 思维培育视角下高校思想政治理论课教学质量提升策略探析[J]. 安徽冶金科技职业学院学报,2021,31(4):54-56+74.
[64] 刘同舫. 思想政治理论课教学亟须解决的五个问题[J]. 思想理论教育导刊,2019(7):88-93.
[65] 陈文婕,余达淮. 提升新时代高校思想政治理论课程质量的三个问题[J]. 江苏高教,2019(7):110-114.
[66] 杨源,黄建军. 在化解矛盾中提升高校思想政治理论课教学质量[J]. 思想理论教育导刊,2019(10):107-111.
[67] 高丽萍. 新时代提升高校思想政治理论课教学质量路径探析——以马克思主义基本原理概论课为例[J]. 内蒙古农业大学学报(社会科学版),2020,22(1):39-43.
[68] 王浩. 高职院校思想政治理论课教学现状分析——基于全国 465 所高职院校的调查

[J]. 高等职业教育探索,2020,19(5):20-23.
[69] 张志元,雷慧俊,闫晋丽. 思想政治理论课教学研究综述与前瞻[J]. 山西高等学校社会科学学报,2020,32(1):37-41.
[70] 吴春艳,陈燕妮. 思政课教学十年研究热点回顾与展望——基于 CNKI 2009—2019 文献的可视化研究[J]. 唐山师范学院学报,2021,43(4):105-110.
[71] 李春双,赵梓博. 高校思想政治理论课教学方法改革研究综述[J]. 中国多媒体与网络教学学报(中旬刊),2019(11):29-30.
[72] 李若沁. 高校思政课教学方法改革典型性模式综述[J]. 佳木斯职业学院学报,2020,36(4):62+64.
[73] 高扬. 新时代高校思政课教学改革研究综述[J]. 南宁职业技术学院学报,2020,25(4):33-37.
[74] 张凤艳. 西部边疆高校思想政治理论教育教学的特殊要求[J]. 兵团教育学院学报,2009,19(4):35-37.
[75] 赵瑞雪,贺泉江. 高校思想政治理论课教学方法改革探析——以西部欠发达地区高校为例[J]. 佳木斯教育学院学报,2011(4):36-37.
[76] 赵秀文,金锋. 西部边疆地区高校思政课优质教学资源共享研究[J]. 天水师范学院学报,2020,40(6):7-11.
[77] 崔小伟. 西部地区高校思政课优质教学资源共享平台建设研究[J]. 天水师范学院学报,2020,40(6):12-16.
[78] 赵晓霞. 西部高校思政课教师队伍建设研究[D]. 兰州:兰州交通大学,2021.
[79] 郭飞. 思想政治理论课教学现状与策略研究——以西部某省市属高职院校为例[J]. 山东工业技术,2016(7):266-267.
[80] 赵洋,李汶霖,郭娟娟. 高校思想政治理论课"1241"教学改革模式探析——以西部高校西南科技大学为例[J]. 南昌师范学院学报,2016,37(4):58-61.
[81] 徐静,段会平. 民族地区思政课建设的战略意义、基本遵循——结合习近平总书记在学校思政课教师座谈会上的重要讲话[J]. 黔南民族师范学院学报,2019,39(6):98-102.
[82] 周昌辉. 文化自信视域下民族地区高校思想政治理论课建设的思考[J]. 教育教学论坛,2020(10):328-329.
[83] 刘祯哲. 民族地区高校思想政治理论课价值引领机制探析[J]. 现代职业教育,2021(31):38-40.
[84] 金善姬,董健. 试析民族地区高校思政课学习效果提升路径[J]. 科教导刊,2021(32):108-110.
[85] 于红梅,刘笑丹,白杨. 新媒体环境下少数民族地区高校思政课教学研究[J]. 黑龙江民族丛刊,2020(4):146-150.

[86] 孟祥鹏. 论民族地区高校"思政课"案例式专题教学模式的构建[J]. 新西部,2019(5):146-147.
[87] 陆春蓉. 边疆民族地区高校思想政治理论课专题式教学改革的思考[J]. 文教资料,2020(24):72-73.
[88] 陆春蓉. 专题式教学法在边疆民族地区高校思想政治理论课中的运用[J]. 文教资料,2020(21):165-166.
[89] 冯贺,冯春. 新时代民族地区高校思想政治理论课教学模式研究——基于"知行合一"的视角[J]. 理论观察,2020(4):56-58.
[90] 李国忠. 民族地区高校思政课实践教学模式优化研究[J]. 学校党建与思想教育,2021(18):10-14.
[91] 何伟. 民族地区传统文化教育融入高校思想政治理论课的思考[J]. 黑龙江高教研究,2020,38(3):129-133.
[92] 马燕敏,刘芳. 少数民族传统文化融入高校思想政治理论课的教学实效性探究[J]. 辽宁师专学报(社会科学版),2020(3):32-33.
[93] 邱雪静. 铸牢中华民族共同体意识背景下民族地区高校思政课使命担当与路径探析[J]. 内蒙古财经大学学报,2021,19(2):6-8.
[94] 孙丽. 社会主义核心价值观融入民族地区高校思政课路径探析[J]. 内蒙古财经大学学报,2020(4):26-29.
[95] 党锐锋,吴文丽. 民族地区高校思想政治理论课教师发展路径探究[J]. 黑龙江教育(理论与实践),2019(5):23-25.
[96] 党锐锋,周晓春. 基于提质增量的民族地区高校思想政治理论课教师队伍建设研究[J]. 黑龙江教育(理论与实践),2019(6):43-45.
[97] 何绍芬,钱波. 论西南少数民族地区高校思政课教师的家国情怀[J]. 楚雄师范学院学报,2020,35(4):60-66.
[98] 曲菁,钟国云. 民族地区思想政治理论课的供给侧改革[J]. 思想政治课教学,2019(1):10-13.
[99] 陈燕. 以"四个自信"引领边疆民族地区高校思政课教学改革与实践[J]. 广西民族师范学院学报,2021,38(2):128-133.
[100] 曹海苓. 民族地区高校思政课教学改革探索——基于铸牢中华民族共同体意识融入的视角[J]. 大学,2021(44):59-61.
[101] 俸芳娜. 融媒体时代民族地区高校思政课教学创新研究[D]. 桂林:桂林理工大学,2021.
[102] 王在朴. 民族高职院校思政课教学法研究——基于习近平总书记 3.18 讲话精神[J]. 山西青年,2019(22):74-75.
[103] 曾辰. 民族地区高职院校思政课教师教学能力提升探析[J]. 天津中德应用技术大学

学报,2020(3):112-115.
[104] 袁琳.民族院校思想政治理论课教学供给侧改革探析[J].现代职业教育,2018(7):14-15.
[105] 邬红丽.民族高校思政课远程线上教学模式研究[J].民族学刊,2020,11(3):115-122+147-148.
[106] 刘娜.民族院校思政课开展"五个认同"教育的策略[J].学校党建与思想教育,2021(10):56-57.
[107] 袁琳.民族高校大学生对思政课教学看法的分析——基于西南六所民族高校的调查[J].西部素质教育,2018,4(3):36-37.
[108] 袁琳.民族高校思政课教学满意度差异探析[J].教育教学论坛,2021(9):13-16.
[109] 赵刚,董婷婷.民族高校思想政治理论课亲和力的影响因素及其提升路径[J].民族高等教育研究,2021,9(4):78-84+93.
[110] 张鹏飞.大数据视域下少数民族学生思政课教学存在的问题及对策[J].产业与科技论坛,2020,19(15):148-149.
[111] 付丽华.少数民族大学生思政课教学现状及对策[J].淮北职业技术学院学报,2021,20(5):36-39.
[112] 薛增航.从思政课角度看少数民族大学生的文化自信[J].中国民族博览,2019(16):87-88.
[113] 赵政.思政课提高少数民族大学生中华民族认同路径[J].贵州民族研究,2019,40(1):220-223.
[114] 李晶,师英杰.思政课铸牢少数民族大学生中华民族共同体意识的路径[J].山西高等学校社会科学学报,2020,32(12):32-37.
[115] 李昌国.基于校际合作的四川高校思想政治理论课实践教学资源共建共享机制探究[J].河南教育(高教),2019(4):70-74.
[116] 余文盛,包志国.大学生思想政治理论课教学满意度研究——基于四川某高校的调查[J].四川文理学院学报,2019,29(5):106-117.
[117] 李贞海.红色文化深度融入高校思想政治教育路径探析——以四川省为例[J].大学,2021(2):140-141.
[118] 陈建锋."川农大精神"爱国情怀融入思政课实践教学的思考[J].现代农业研究,2021,27(8):30-32.
[119] 张强."川农大精神"思政元素内涵解析及融入思政课策略探究[J].黑龙江教育(理论与实践),2020(10):36-39.
[120] 张家燕,雷志敏.大学精神在高校思政课建设中的作用探析——以"川农大精神"为例[J].兰州教育学院学报,2019,35(7):133-135.
[121] 冉亦,李昊霖,王丁,等."课程思政"在高校英语教学中的探索与应用——以成都大

学“课程思政”校级示范课资助项目为例[J]. 科技风，2020(18)：103-104.
[122] 石羽. 艺术院校思政课教学中心理效应的合理运用——以四川音乐学院为例[J]. 文化创新比较研究，2020，4(6)：186-187.
[123] 王欢. 民办高校思想政治理论课一体化实践教学体系研究——以四川工商学院为例[J]. 农家参谋，2020(1)：220-221.
[124] 李飞燕. 民办高校实践教学体系建设研究——以四川工商学院思政课为例[J]. 公关世界，2020(10)：57-58.
[125] 钟学娥. 民办高校思政课线上教学模式探索——以四川某民办高校为例[J]. 黑龙江科学，2021，12(1)：100-101.
[126] 江晓燕，魏崛. 高校“大思政”教育体系下思政课实践教学的途径——以四川工业科技学院为例[J]. 知识文库，2019(22)：189-191.
[127] 巫群珍，夏莉娜，王贤. 高职院校职业培训思政课教学改革路径探究——以四川交通职业技术学院川高班为例[J]. 职业教育(中旬刊)，2021，20(8)：65-67.
[128] 杨雅涵，潘劲. 混合空间下的高职思政课深度教学探微——以四川工程职业技术学院为例[J]. 中国民航飞行学院学报，2021，32(3)：38-42.
[129] 王雍铮，陶军，胡东坡，等. “服务学习”视域下高职思政课教学模式改革研究——以四川华新现代职业学院为例[J]. 湖北开放职业学院学报，2019，32(5)：87-89+96.
[130] 刘珥婷. 浅谈实践教学基地在高职院校思想政治理论课的运用——以四川文化传媒职业学院为例[J]. 济南职业学院学报，2019(1)：69-71.
[131] 王倩桃. 四川省高职院校思想政治理论课教师队伍建设研究[D]. 成都：西华大学，2020.
[132] 张雪，曾俊秀. 新时代高职院校“课程思政”建设的逻辑体系与实践进路研究——以成都工贸职业技术学院为例[J]. 陕西青年职业学院学报，2020(2)：21-25.
[133] 陈勇. 云南省高校思想政治理论课慕课教学实效性建设研究[D]. 昆明：昆明理工大学，2018.
[134] 赵晓宾. “对分课堂”在云南边疆民族高校思政课中的教学实践[J]. 文化创新比较研究，2019，3(34)：148-149.
[135] 曾蕾，李昀璟，舒挺. 云南财经大学让思政课堂“活”起来[J]. 云岭先锋，2020(8)：46.
[136] 张艳. 云南高校思想政治理论课实践教学存在问题及解决对策研究[D]. 昆明：云南师范大学，2021.
[137] 沈梦茹，任兆昌. 高校思想政治理论课实践教学的路径探析——来自云南 Y 大学的调查[J]. 云南农业大学学报(社会科学)，2021，15(3)：150-155.
[138] 窦金焕，李嘉燕. 云南民办高职思政课传承本土红色文化研究——以昆明卫生职业学院为例[J]. 现代交际，2020(2)：22-23.
[139] 窦金焕. 云南高职院校思政理论课传承本土革命老区红色文化调查报告[J]. 湖南工

业职业技术学院学报,2020,20(1):53-57.
[140] 贾礼伟.云南红色文化与本土高校思想政治理论课的融合研究[J].学理论,2020(7):127-128.
[141] 王超品.把“西畴精神”融入高校思政课教学[J].社会主义论坛,2020(10):16-17+58.
[142] 李金莲.把“云南特色案例”融入地方高校思政课的实践与探索[J].楚雄师范学院学报,2021,36(1):145-155.
[143] 崔瑞雪.高校思政课贯彻落实习近平总书记考察云南重要讲话精神的思考[J].曲靖师范学院学报,2020,39(5):76-79.
[144] 罗欢.云南大学滇池学院|上好思政课 传承红色基因[J].云岭先锋,2020(11):48.
[145] 吴艳.“八个统一”语境下云南高职院校思政课教学现状调查[J].现代职业教育,2021(45):216-217.
[146] 黄祥,杨继伟,于大海.云南省民办高校思想政治理论课建设与改革创新调研报告[J].祖国,2019(13):228-230.
[147] 付贝贝.云南民办高职院校思政课改革发展的问题与对策研究[J].智库时代,2020(14):215-216.
[148] 刘养卉.新形势下高校思想政治理论课教学存在的问题及对策研究——基于对甘肃Z高校的调查[J].安徽农业大学学报(社会科学版),2017,26(5):105-110.
[149] 张娟.民办高校思政课教师队伍建设状况的调查与分析——基于甘肃民办高校思政课教师素质现状调查[J].佳木斯职业学院学报,2020,36(8):33-34.
[150] 郑茹月.红色资源融入地方高校思政课现状调查——以甘肃省为例[J].甘肃高师学报,2020,25(6):80-83.
[151] 唐湘珍,王明星.甘肃红色档案资源融入高等职业院校思政课教学的路径探究[J].中国多媒体与网络教学学报(中旬刊),2020(6):55-56.
[152] 刘超.地域性文化融入甘肃高校思想政治理论课教学改革研究[J].中国多媒体与网络教学学报(上旬刊),2021(10):222-224.
[153] 胡国霞.新形势下甘肃省独立院校思政课教学改革研究——以兰州财经大学陇桥学院为例[J].吉林广播电视大学学报,2018(6):33-34.
[154] 豆学兰.新时代下社会主义核心价值观融入思想政治理论课路径探析——以甘肃部分高职高专院校为例[J].南方论刊,2019(1):95-97.
[155] 石光乾,张婷.新时代高校思政教育理论与实践创新机制——基于甘肃省属高校实证调研分析[J].北部湾大学学报,2020,35(7):12-17+31.
[156] 孙树志,李琼.新时代远程教育背景下广播电视大学思政课教学创新实践——以甘肃广播电视大学为例[J].开封文化艺术职业学院学报,2020,40(9):167-169.
[157] 沙雪卓玛.改革开放以来青海高校思政课建设史研究[D].西宁:青海师范大

学，2021.
[158] 郝鑫科. 青海省高校思想政治理论课的现状及对策研究——基于青海省高校大学生思政课教学现状调查[J]. 高校后勤研究，2021(4)：63-67.
[159] 王蕾. 青海高校思想政治理论课有效性研究[D]. 西宁：青海大学，2018.
[160] 张利涛. 关于地方文化融入高校思政课教学的思考——以青海省为例[J]. 广西教育学院学报，2017(6)：153-156.
[161] 李永福. 青海红色文化资源融入高校思想政治理论课研究[D]. 西宁：青海大学，2020.
[162] 高莉苹. 新时代青海省高校思想政治理论课教学改革创新之路[J]. 祖国，2020(2)：141-142+170.
[163] 温海英，温海霞，杨丽芳，等. 青海高职院校思政课"一体两翼"教学模式创新研究——以"思想道德修养与法律基础"课为例[J]. 教师，2021(24)：3-4.
[164] 张爱莲，曹晓晴. 高校思想政治理论课特聘教授来源选择调查分析——以宁夏、青海、山东三省区为例[J]. 高校辅导员学刊，2020，12(6)：13-19.
[165] 尼玛次仁，纪建洲. 理直气壮开好思政课　奋力走出一条具有中国特色西藏特点的思政课建设路子[J]. 新西藏(汉文版)，2019(5)：14-16.
[166] 孟祥凤. 西藏高校推进"课程思政"建设的前提性思考[J]. 西藏教育，2019(9)：6-9.
[167] 张浩，刘权政，刘长亮. 逻辑归因与实现路径：西藏高校思政课坚持政治性与学理性相统一探析[J]. 西藏民族大学学报(哲学社会科学版)，2021，42(2)：93-99+111.
[168] 郭孟伟，张天世，袁晓慧，等. 守正创新：新时代西藏高校网络思政教学模式探析[J]. 佳木斯职业学院学报，2019(9)：104-105+107.
[169] 袁晓慧，郭孟伟. 西藏高校思政课之意识形态安全教育探析[J]. 西藏教育，2019(10)：32-35.
[170] 袁晓慧，郭孟伟，张天世. 西藏高校思政课培育大学生坚定"四个自信"的路径研究[J]. 长江丛刊，2021(8)：188-190.
[171] 曲姿璇，扎西. 西藏红色资源嵌入西藏高校思政课实践教学的具体运用[J]. 西藏发展论坛，2020(5)：78-82.
[172] 才让拉毛，吴春宝. 西藏高校用好讲好思政课新修订教材的对策研究[J]. 中国多媒体与网络教学学报(上旬刊)，2020(2)：239-240.
[173] 曾会. 西藏高校思想政治理论课实践教学初探[J]. 法制与社会，2020(16)：191-192.
[174] 杨富. 西藏高校思政课教学质量提升共同体构建研究[J]. 西藏大学学报(社会科学版)，2020，35(2)：206-209.
[175] 杨文仙. 试析西藏高校大学生思政课获得感的制约因素及提升路径[J]. 西藏教育，2020(9)：46-49.
[176] 次吉，陈乐. 探究西藏高校思想政治理论课教学的改革创新[J]. 教育现代化，2019，

6(64):199-200.

[177] 次吉. 西藏高校思政理论课教学现状与改革对策探析[J]. 文化创新比较研究,2019,3(25):31-32.

[178] 郭孟伟. "度":推动西藏高校思政课改革创新的关键[J]. 西藏教育,2019(6):12-16.

[179] 杨富. 基于资源观的新时代西藏高校思政课改革与创新[J]. 西藏教育,2020(3):16-19.

[180] 罗大蒙. "金课"视域下思想政治理论课实践教学机制探析——以四川文理学院为例[J]. 四川文理学院学报,2021,31(3):131-138.

[181] 陈岗. 思想政治理论课中红色文化资源的应用研究——以四川文理学院为例[J]. 四川文理学院学报,2018,28(4):140-145.

[182] 刘晓莉,唐自慧,张德荣,等. 高职院校思想政治理论课"四位一体"教学模式的实践探索——以成都工业职业技术学院为例[J]. 教育现代化,2018,5(11):47-50.

[183] 刘晓莉,唐璐,王姣,等. 新时代加强高职院校思政课教师队伍建设路径探析——以成都工业职业技术学院为例[J]. 现代职业教育,2021(38):224-225.

[184] 胡宇南. 新时代条件下"四维"视域的思政课教学改革——以四川警察学院为例[J]. 四川警察学院学报,2019,31(5):79-84.

[185] 马中全. 公安院校思政课筑根基砺警魂的实现路径探索——以四川警察学院为例[J]. 四川警察学院学报,2020,32(4):91-97.

[186] 林雪琳. 职业院校思想政治理论课小班化教学实效性探讨——以四川护理职业学院为例[J]. 科教导刊(中旬刊),2018(5):97-98.

[187] 王景,谢孝红. 新时代高职院校思想政治理论课实践教学体系的探索与构建——以四川护理职业学院思政课实践教学为例[J]. 卫生职业教育,2021,39(11):36-38.

[188] 陈海燕. 应用型大学思想政治理论课实践教学创新研究——以四川大学锦城学院为例[J]. 长江丛刊,2018(20):235-236.

[189] 刘诗佳. 思想政治理论教学与实践改革的关键问题探究——以四川大学锦江学院为例[J]. 北方文学,2018(21):125-126.

[190] 张茜. 应用型高校思政课入脑入心的教学路径研究——以四川大学锦城学院为例[J]. 大陆桥视野,2020(12):118-119.

[191] 王飞,王金梅. 农业院校大学生思想政治理论课学习状况分析与对策——以云南农业大学为例[J]. 教育观察,2020,9(17):21-23.

[192] 张颖. 云南国土资源职业学院课程思政建设状况综述[J]. 产业与科技论坛,2020,19(19):108-109.

[193] 张颖,徐娇. 新时代下"课程思政"教育教学体系改革探索研究——以云南国土资源职业学院教育性班会课为例[J]. 教育教学论坛,2019(42):40-41.

[194] 保云莹,张婉尧,孙琳慧. 高职院校思政课教学改革的困境及突破路径探析——以云

南林业职业技术学院为例[J]. 教育现代化，2019，6(76)：213-215.
[195] 裴雯. 思政课“三位一体”实践教学模式的创新思考——以兰州理工大学为例[J]. 教书育人(高教论坛)，2018(36)：102-103.
[196] 刘小雪. 高校思想政治理论课教学模式创新与实践——以兰州理工大学为例[J]. 大学教育，2020(3)：118-120.
[197] 常文峰，郭三龙. 新时代高职院校思政课实践教学模式探析——以甘肃林业职业技术学院为例[J]. 职业教育研究，2021(4)：59-63.
[198] 唐湘珍. 基于“供给侧”视角下的新升本科院校思政课教学的瓶颈与路径探析——甘肃医学院个例研究[J]. 现代职业教育，2019(1)：64-65.
[199] 张婷，王妮. 新时代高校思想政治理论课亲和力提升策略探析——以兰州文理学院为例[J]. 甘肃广播电视大学学报，2021，31(2)：80-83.
[200] 郭振，张利涛. “思政＋双创”协同育人模式的青海实践——以青海大学为例[J]. 新疆职业教育研究，2019，10(1)：50-54.
[201] 孙舒景. 民族地区高校思想政治理论课特色化教学的导向与途径——以青海大学为例[J]. 西部素质教育，2018，4(17)：28-30.
[202] 郑娜. 根据藏族学生自身特点有效提升思政课教学效果的途径——以青海警官职业学院藏族学生为例[J]. 改革与开放，2017(12)：81-82＋84.
[203] 蒲世翠，李晶月. 高职院校思政课贯彻落实习近平新时代中国特色社会主义思想路径研究——以青海畜牧兽医职业技术学院为例[J]. 现代职业教育，2019(5)：90-91.
[204] 温海英. 浅析高职院校思想政治理论课教学的历史意识与现实关注问题——以青海高等职业技术学院为例[J]. 佳木斯职业学院学报，2019(6)：263-264.
[205] 王彦智. 西藏高校思政课教学的历史、成效与质量提升[J]. 西藏大学学报(社会科学版)，2020，35(4)：192-197.
[206] 卓拉. 浅析新时代西藏高校思政课教师队伍建设[J]. 西藏教育，2021(10)：16-20.
[207] 李雨婷. 简述人本主义教育理念对西藏高校思政理论课的启示——以西藏民族大学为例[J]. 中国多媒体与网络教学学报(上旬刊)，2019(11)：47-49＋52.
[208] 张翠娟. 校史校情教育融入思想政治理论课初探——以西藏民族大学为例[J]. 文化创新比较研究，2019，3(19)：165-166.
[209] 刘毅，张庆，贺会勤. 社会主义核心价值观融入西藏高校思政课探析——以中国近现代史纲要为例[J]. 大学教育，2019(9)：120-122.
[210] 刘玉. 西藏高校思政课铸牢大学生中华民族共同体意识教育探析——以《马克思主义“五观”教育概论》为例[J]. 西藏大学学报(社会科学版)，2020，35(2)：216-223.
[211] 刘玉. 论新时代西藏高校青年学生理想信念教育——以“思想道德修养与法律基础”课程为例[J]. 西藏教育，2021(8)：19-23.
[212] 柯燕，黄全花. “红色”资源在西藏高校“思政课”教学中的运用——以“老西藏精神”

为例[J]. 西部素质教育,2019,5(22):16-20+26.
[213] 曹水群. 将民族团结进步教育有效融入"思政课"——学习总书记贺信精神的思考[J]. 西藏民族大学学报(哲学社会科学版),2019,40(2):1-3.
[214] 王永斌,刘雄旺,李辉山. 高校思想政治理论课教师队伍建设的政策指向及成效分析[J]. 文化软实力,2019,4(4):26-36.
[215] 张学亮,赵瑶. 论思想政治理论课高质量发展的逻辑理路[J]. 北京教育(德育),2021(11):70-74.
[216] 介绍三年来贯彻落实学校思想政治理论课教师座谈会精神工作进展成效新闻发布会[EB/OL]. (2022-03-17)[2023-04-10]. http:www. moe. gov. cn/fbh/live/2022/54301/tpwd/202203/t20220317_608343. html.
[217] 苏雪芹. 影响西部民族地区高校思政课实效性因素的调查与分析[J]. 中国民族教育,2019(12):46-48.
[218] 习近平. 全面贯彻新时代党的治藏方略　建设团结富裕文明和谐美丽的社会主义现代化新西藏[N]. 人民日报,2020-08-30(1).
[219] 苏雪芹. 民族地区思想政治教育的特殊性与思政课教师的责任[J]. 中国民族教育,2019(5):6-8.
[220] 张丽娟. 新时期西部新升本高校大学生思想政治现状调查分析——以陇东学院为个案[J]. 陇东学院学报,2014(5):91-94.
[221] 肖凤伟. 关于高职院校藏族大学生思政课实效性的思考[J]. 辽宁师专学报(社会科学版),2020(4):48-50.
[222] 习近平. 思政课是落实立德树人根本任务的关键课程[J]. 求是,2020(17):4-16.
[223] 沈壮海,王培刚,王迎迎. 中国大学生思想政治教育发展报告 2016[M]. 北京:北京师范大学出版社,2017.
[224] 杨富. 思政课信息化建设中师生教学关系的重构[J]. 黑龙江教育(高教研究与评估),2021(11):12-15.
[225] 杨富. 学生主体视阈下西部高校思政课教学质量提升研究[J]. 吉林省教育学院学报,2022,38(6):84-89.
[226] 孙邦金. 持续推进新阶段高校思政课的高质量发展——"习近平总书记'3·18'重要讲话发表两周年学习研讨会"综述[J]. 思想理论教育导刊,2021(5):141-143.
[227] 杨富. 西藏高校思政课实践教学创新路径研究[J]. 吉林省教育学院学报,2019,35(2):134-137.

附　录

1. 思想政治理论课建设主要文件（2012—2022 年）

2012 年

国务院学位委员会，《关于进一步加强高校马克思主义理论学科建设的意见》

2013 年

教育部，《普通高等学校思想政治理论课教师队伍培养规划（2013—2017）》

2015 年

中共中央办公厅、国务院办公厅，《关于进一步加强和改进新形势下高校宣传思想工作的意见》

中共中央宣传部、教育部，《普通高校思想政治理论课建设体系创新计划》

教育部，《高等学校思想政治理论课建设标准》

中共中央宣传部、中共教育部党组，《关于加强和改进高校宣传思想工作队伍建设的意见》

2016 年

教育部办公厅，《关于推进实施高校思想政治理论课特聘教授制度的通知》

2017 年

中共中央、国务院，《关于加强和改进新形势下高校思想政治工作的意见》

教育部办公厅,《关于开展2017年高校思想政治理论课教学质量年专项工作的通知》

中共教育部党组,《2017年高校思想政治理论课教学质量年专项工作总体方案》

中共教育部党组,《高校思想政治工作质量提升工程实施纲要》

教育部,《高等学校马克思主义学院建设标准(2017年本)》

2018年

教育部,《关于加强新时代高校“形势与政策”课建设的若干意见》

教育部,《新时代高校思想政治理论课教学工作基本要求》

教育部,《高校思想政治理论课教师队伍建设专项工作总体方案》

教育部,《关于加强新时代高校“形势与政策”课建设的若干意见》

教育部办公厅,《关于实施2018年“高校思想政治理论课教师队伍后备人才培养专项支持计划”的通知》

2019年

中共教育部党组,《关于加强和改进高校领导干部深入基层联系学生工作的通知》

中共中央办公厅、国务院办公厅,《关于深化新时代学校思想政治理论课改革创新的若干意见》

中共教育部党组,《“新时代高校思想政治理论课创优行动”工作方案》

教育部,《普通高等学校思想政治理论课教师队伍培养规划(2019—2023年)》

教育部,《普通高等学校马克思主义学院建设标准(2019年本)》

教育部,《高校思想政治工作质量提升工程实施纲要》

2020年

教育部,《新时代高等学校思想政治理论课教师队伍建设规定》

教育部等八部门,《关于加快构建高校思想政治工作体系的意见》

教育部,《高等学校课程思政建设指导纲要》

教育部办公厅,《深化新时代学校思想政治理论课改革创新先行试点工作方案》

教育部,《关于深入学习贯彻习近平总书记重要文章〈思政课是落实立德树人根本任务的关键课程〉的通知》

教育部办公厅,《关于进一步做好“一省一策思政课”集体行动工作的通知》

中共中央宣传部、教育部,《新时代学校思想政治理论课改革创新实施方案》

2021 年

中共中央、国务院,《关于新时代加强和改进思想政治工作的意见》

教育部办公厅,《关于在思政课中加强以党史教育为重点的“四史”教育的通知》

国家教材委员会,《关于印发〈习近平新时代中国特色社会主义思想进课程教材指南〉的通知》

2022 年

教育部等十部门,《全面推进“大思政课”建设的工作方案》

中共中央宣传部、教育部,《关于在高校思想政治理论课中进一步加强习近平新时代中国特色社会主义思想教育教学工作的通知》

2. 西部高校思政课教学质量和水平问卷(教师版)

尊敬的思政课教师：

您好！本问卷调查是教育部高校示范马克思主义学院和优秀教学科研团队建设西部重点项目“提升西部高校思想政治理论课教学质量和水平研究”的重要研究内容之一，仅涉及西部高校思政课教学质量相关内容。课题组承诺对调研情况严格保密，只用于项目研究，如果您对调研结果感兴趣，课题组愿与您分享调研数据。感谢您的大力支持！请您认真完成问卷！

1. 您学校所在省份(自治区)：
四川省
云南省
甘肃省
青海省
西藏自治区
2. 您所在学校的层次：
“双一流”学校
普通本科院校
民族院校
专科院校
民办本科或专科院校
3. 思政课学分落实情况(本科：“原理”3 学分、“概论”5 学分、“纲要”3 学分、“基础”3 学分、“形势与政策”2 学分，实践教学 2 学分；专科：“概论”4 学分、“基础”3 学分、“形势与政策”1 学分，实践教学 1 学分)：
严格落实
未落实到位
4. 各门思政课程开课衔接与标准是否一致(本科：“基础”课、“纲要”课，“原理”课、“概论”课；专科：“基础”课，“概论”课。本专科生每学期必修“形势与政策”课)：

一致

不一致

5. 授课时间：

正常上课时间

正常上课时间但集中上课

晚上

周末

6. 授课规模：

100人以上合班大课

100人以下的中班

40～50人左右的小班

7. 按思政课程分别设置教研室(组)：

是

否

8. 专职思政课教师比例(师生比不低于1∶350)：

达到标准

未达到标准

9. 返聘教师、兼职思政课教师、特聘教授总数量：

0人

1～10人

10人以上

10. 教师学术交流、实践研修专项经费保障落实(2021年之前为本科院校在校生每生每年不低于20元,专科院校在校生每生每年不低于15元的标准提取专项经费)：

未落实

已落实但仍不充足

已落实且充足

11. 统一实行集体备课[多选题]：

教研室(组)形成统一的参考教案

定期组织全员集体备课

与其他高校联合备课、网络备课

思政课教师兼职担任辅导员、班主任,针对性备课

12. 严肃课堂教学纪律，确保学生到课率：

较高

一般

不够理想

13. 实践教学：

覆盖面较广、绝大部分学生参加、内容丰富

覆盖面一般、重形式、效果一般

覆盖面小、学生参加人数还较少

14. 网络教学和信息化建设[多选题]：

建立了微信公众号、学习平台、资源库

信息化贯彻在课前、课堂、课后全过程

网络教学常态化

传统课堂教学为主，网络教学为辅（疫情期间、专题思政大课堂等）

仅依托公众媒介（通讯会议、钉钉、QQ 群等）开展网络教学，学校信息化建设相对滞后

信息化建设相对滞后，停留在网站建设、信息发布层面，网络教学应用不充分

15. 教学中经常用的教学方法[多选题]：

案例式教学

探究式教学

体验式教学

互动式教学

专题式教学

分众式教学

传统课堂讲授方式为主

16. 考试方式：

闭卷统一考试

闭卷统一考试为主，结合开放式个性化考核

17. 闭卷统一考试集体命题，不断更新题库：

是

否

18. 各门课程均须先学后考，没有以考代学：

是

否

19. 思政课成绩作为学生入党积极分子参加党校学习的参考：

是

否

20. 本校思政课教师基本上形成了马克思主义理论一级学科所属相应二级学科的科学研究方向：

是

否

21. 本校思政课教师将研究成果作为重要教学资源，有机融入课堂教学：

是

否

22. 学校书记、校长，分管副校长每人每学期至少听 1 次课：

是

否

23. 马院（承担思政课部门机构）主要领导对所有授课教师做到听课全覆盖：

是

否

24. 省级教育部门每学年组织专家听课覆盖各门思政课：

是

否

25. 建立健全多元教学质量评价机制[多选题]：

教师自评

学生评价

同行评价

督导评价

社会评价

综合评价（包含上述几种方式）

学校一般性评价为主导，未形成专门化、针对性评价

26. 思政课教师教学质量评价结果运用[多选题]：
职务职称评聘
绩效考核和津贴分配
课堂教学退出机制
尚未有效运用
27. 落实高校主体责任[多选题]：
建立思政课教学工作制度
建立健全思政课教学督导机制
建立多部门协同配合的思政课教学管理体制
建立健全思政课教学管理制度体系
尚未建立专门化、针对性的思政课建设制度
28. 本省区教育厅关于思政课建设的主要举措[多选题]：
组建分课程的思政课教学指导委员会
建立教学热点、难点定期搜集、解答制度
总结经验，宣传推广先进典型
思政课教师和思政工作者专项表彰
组织开展教学竞赛
组织开展思政课教学研讨会
建设思政课精品课
开展专项研究课题
开展定期思政课教师培训
29. 您对您所在学校思政课教学质量和水平的总体评价是：
未达标——未全面深入高质量贯彻国家关于思政课建设政策，与教育部思政课教学质量和水平要求尚有差距。
达标——有效贯彻国家关于思政课建设政策，达到教育部思政课教学质量和水平要求。
进入高质量发展阶段——思政课改革创新，具有鲜明特色，在省内（或全国）形成了一定的发展潜力和优势。
30. 基于您的认识，西部高校思政课教学质量和水平关键影响因素有哪些（选出您认为最重要的 3～5 个关键影响因素）[多选题]：
国家政策执行度
省区配套政策与支持

校级层面资金统筹与保障
马院建设
马学科建设
教师结构(数量、职称、学历、年龄)与能力
学生差异化特征(少数民族学生比例、语言理解、文化背景等)
课堂教学方式
实践教学
考试形式
信息化建设
质量评价体系

31. 西部高校思政课教学质量和水平提升中的特征[多选题]:
国家政策是质量和水平提升的主要动因
以国家政策为标准,以达到国家要求为主要目标
自主发展、特色化发展能力显著提升
特殊性明显,制约因素较多,质量提升不显著
从历史发展看,有较大提升
本省区内高校间存在不平衡现象
西部高校思政课教学特殊性较强(资金投入、师资水平、发展理念、民族与宗教等因素)
西部各省区间存在不平衡现象
西部高校与东部高校存在一定差距

32. 您对西部高校思政课教学质量和水平的评价:

未达标——未全面深入高质量贯彻国家关于思政课建设政策,与教育部思政课教学质量和水平要求尚有差距。

达标——有效贯彻国家关于思政课建设政策,达到教育部思政课教学质量和水平要求。

进入高质量发展阶段——思政课改革创新举措有力,具有鲜明特色和优势。

您已完成问卷调查,感谢您的配合与支持!欢迎您多提宝贵意见建议!

3. 西部高校思政课教学质量和水平问卷(学生版)

尊敬的同学:

您好! 本问卷调查是教育部高校示范马克思主义学院和优秀教学科研团队建设西部重点项目“提升西部高校思想政治理论课教学质量和水平研究”的重要研究内容之一,仅涉及西部高校思政课教学质量相关内容。课题组承诺对调研情况严格保密,只用于项目研究,如果您对调研结果感兴趣,课题组愿与您分享调研数据。感谢您的大力支持! 感谢您认真完成问卷!

1. 您的民族:

汉族

少数民族

2. 您学校所在省份(自治区):

四川省

云南省

甘肃省

青海省

西藏自治区

3. 您所在学校的层次:

“双一流”学校

普通本科院校

民族院校

专科院校

民办本科或专科院校

4. 思政课学分落实情况(本科:“原理”3 学分、“概论”5 学分、“纲要”3 学分、“基础”3 学分、“形势与政策”2 学分,实践教学 2 学分;专科:“概论”4 学分、“基础”3 学分、“形势与政策”1 学分,实践教学 1 学分):

严格落实

未落实到位

5. 各门思政课程开课衔接与标准是否一致(本科:“基础”课、“纲要”课,“原理”课、“概论”课;专科:“基础”课,“概论”课。本专科每学期必修“形势与政策”课):

一致

不一致

6. 授课时间:

正常上课时间

正常上课时间但集中上课

晚上

周末

7. 授课规模:

100 人以上合班大课

100 人以下的中班

40～50 人左右的小班

8. 课堂到课率:

到课率较高

一般

不够理想

9. 实践教学:

覆盖面较广、绝大部分学生参加、内容丰富

覆盖面一般、重形式、效果一般

覆盖面小、学生参加人数还较少

10. 网络教学和信息化建设[多选题]:

建立了微信公众号、学习平台、资源库

信息化贯彻在课前、课堂、课后全过程

网络教学常态化

传统教学为主、网络教学为辅

开展网络教学,但信息化建设亟待加强

有信息化建设,但使用效率低

11. 教学中经常接触到的教学方法[多选题]:

案例式教学

探究式教学

体验式教学
互动式教学
专题式教学
分众式教学
12. 考试方式：
闭卷统一考试
闭卷统一考试为主，结合开放式个性化考核
13. 各门课程均须先学后考，没有以考代学：
是
否
14. 思政课成绩作为学生入党积极分子参加党校学习或培养的参考：
是
否
15. 领导、老师等进入课堂听课情况：
经常
一般
偶尔
16. 参加评教情况：
每门课都参加过
参加过 1～2 次
没参加过

17. 参加思政课程建设情况（如帮助收集整理教学资源、维护微信公众号或发布网站信息等）：

经常参加
参加过
没参加过
18. 思政课教学的满意度：
较高（能够启迪和促进思想进步，有利于今后发展）
高（教学有特色，有吸引力，学习中有收获）
一般（较好完成教学任务，学习中有收获）
不满意（仅仅完成教学任务，吸引力不强，学习中收效甚微）

19. 思政课教学满意度和质量提升的关键影响因素有哪些(选出您认为最重要的 3~5 个关键影响因素)[多选题]:

教师能力与水平(专业素养、教学能力、授课风格、人格特征等)

课堂教学方式(案例式教学、探究式教学、体验式教学、互动式教学、专题式教学、分众式教学)

实践教学

考试形式

信息化建设

课后辅导咨询(学习内容、社会热点、学习或人生困惑等答疑、咨询与讨论等)

学生主体导向教学(学生广泛参与、针对不同学生群体如少数民族学生的教学等)

20. 您对所在学校思政课教学质量和水平的总体评价是:

未达标——未全面深入高质量贯彻国家关于思政课建设政策,与教育部思政课教学质量和水平要求尚有差距,学生满意度一般。

达标——有效贯彻国家关于思政课建设政策,达到教育部思政课教学质量和水平要求,学生满意度高。

进入高质量发展阶段——思政课改革创新,具有鲜明特色,在省内形成了一定的发展潜力和优势,学生满意度较高。

您已完成问卷调查,感谢您的配合与支持!

后　记

学校思想政治理论课教师座谈会召开以来，全国思想政治理论课建设取得了巨大成就，教学质量和水平不断提升，落实立德树人根本任务的“关键课程”的重要作用充分发挥。西部高校深入贯彻党和国家全面加强思想政治理论课建设、推动思想政治理论课改革创新的政策要求，全面推进思想政治理论课建设，狠抓思想政治理论课教学质量和水平，取得了显著成效。但与东部高校相比较，西部高校思想政治理论课教学质量和水平还需进一步提升，思想政治理论课改革创新能力还需进一步增强。

本书是2019年教育部高校示范马克思主义学院和优秀教学科研团队建设西部重点项目“提升西部高校思想政治理论课教学质量和水平研究”（项目编号19JDSZK044）的重要研究成果，坚持以习近平新时代中国特色社会主义思想为指导，研究了西部高校思想政治理论课教学质量和水平提升的深层次问题，深入分析了关键影响因素与作用机制，提出了系统化对策建议，以期为西部高校思想政治理论课建设建言献策，服务新时代思想政治理论课高质量发展。由于作者能力和水平的限制，研究存在许多不足，敬请批评指正。

衷心感谢上海师范大学张志丹教授、吉林大学马超教授、西藏大学曾燕教授、西藏藏医药大学郭孟伟教授等专家的指导和帮助！